Sara Alm | Hannah McDevitt

Stilikonen

Knaur

Sara Alm | Hannah McDevitt

Stilikonen

Berühmte Frauen – berühmte Kleider
20 Modelle mit Schnittmustern

Fotografien: DANIEL CASTRO Illustrationen: KERRIE HESS

Knaur

Bibliografische Information der Deutschen Nationalbibliothek
Die Deutsche Nationalbibliothek verzeichnet diese Publikation in der
Deutschen Nationalbibliografie; detaillierte bibliografische Daten sind im Internet über http://dnb.d-nb.de abrufbar.

Wichtiger Hinweis
Die im Buch veröffentlichten Ratschläge wurden von Verfassern und Verlag mit größter Sorgfalt erarbeitet und geprüft. Eine Garantie kann jedoch nicht übernommen werden. Ebenso ist eine Haftung der Verfasserin bzw. des Verlages und seiner Beauftragten für Personen-, Sach- oder Vermögensschäden ausgeschlossen.

First published in English by Chronicle Books LLC
680 Second Street
San Francisco, California 94107
www.chroniclebooks.com

Projektleitung: Franz Leipold
Übersetzung: Susanne Schmidt-Wussow, Berlin
Herstellung: Veronika Preisler
Satz: Wilhelm Vornehm, München
Umschlaggestaltung: griesbeckdesign, München

ISBN 978-3-426-64719-6
5 4 3 2

Bitte besuchen Sie uns auch im Internet unter der Adresse:
www.knaur-kreativ.de

EINLEITUNG

Bette Davis, Marilyn Monroe, Audrey Hepburn – diese Frauen waren echte Modeikonen ihrer Zeit, und ihre Kleider versetzen uns heute noch in Entzücken. Die legendären Stile dieser Stars trotzen jedem Trend und beeinflussen noch heute die Mode, die wir auf dem Laufsteg und in Boutiquen sehen. Doch obwohl wir mit unserer Kleidung immer noch Jackie O. zitieren, uns vor Twiggy verbeugen oder auf Madonna anspielen, suchte man bisher vergeblich nach einem Buch mit leicht nachzuarbeitenden Schnittmustern und Schritt-für-Schritt-Anleitungen, mit deren Hilfe sich diese Klassiker zu Hause nachnähen lassen, und zwar aus Stoffen, in denen man sich wohl fühlt.

In *Stilikonen* stellen wir zehn Frauen aus vergangenen Jahrzehnten vor. Jede von ihnen prägte unserer Meinung nach einen inspirierenden und legendären Stil, der die Zeiten überdauert hat und uns noch heute verzückt aufseufzen lässt. Wir präsentieren berühmte Kleider dieser Ikonen von den Dreißigern bis zu den Achtzigern, angefangen bei der einzigartigen Bette Davis und ihren glamourösen schräggeschnittenen Roben bis hin zu Madonnas sexy Korsagenkleidchen à la »Like A Virgin«. Dazwischen finden Sie Klassiker wie Marilyn Monroes sensationelles weißes Nackenträgerkleid, Jackie O.s elegante, klare A-Linie, Audrey Hepburns kleines Schwarzes, Twiggy und ihre Minikleider, die umwerfende Diana Ross, Farrah Fawcetts lässig-mondänes Wickelkleid und natürlich die unkonventionelle Stevie Nicks. Machen Sie das Modestatement dieser Frauen zu Ihrem eigenen – direkt nach dem Zuschneiden.

Bisher musste man entweder Secondhandläden durchforsten oder nach zeitgenössischen Schnittmustern fahnden, um sich so zu kleiden – und beides war oft ebenso mühevoll wie frustrierend. Wir wissen, wie es ist, in einem Secondhandgeschäft das perfekte Audrey-Kleid zu entdecken und dann festzustellen, dass es zwei Nummern zu klein ist oder einen großen Fleck auf dem Vorderteil hat! Bei Original-Schnittmustern gibt es immer Probleme mit Größe und Sitz – ja, wir lieben Rita Hayworths Kleiderstil, aber wir tragen nicht mehr die kegelförmigen Spitz-BHs, für die das Muster ausgelegt ist. Doch jetzt hat der Frust endlich ein Ende. Als Schnittmusterdesignerinnen und Secondhandladen-Fans haben wir uns zum Ziel gesetzt, diese Hindernisse zu überwinden und Ihnen die Schnittmuster zur Verfügung zu stellen, von denen wir selbst immer geträumt haben.

Für jede Stilikone gibt es eine Version, die sich enger an das Original anlehnt, und eine kreative Neuinterpretation des Looks – etwa ein anderer Ausschnitt an Jackie O.s Kleid oder geometrische Streifen, die Marilyns klassisches weißes Nackenträgerkleid zum echten Hingucker machen. Insgesamt finden Sie in diesem Buch Schnittmuster und Anleitungen für zwanzig Kleider (zwei pro Stilikone) und damit jede Menge Gelegenheiten, Ihre Kreativität voll zu entfalten! Wenn Sie also schon immer Stevie Nicks um ihren coolen Zigeunerlook oder Twiggy um ihre verspielten Kleidchen beneidet haben, stürzen Sie sich ins Vergnügen und nähen Sie sich das umwerfende Kleid, für das Sie solange geschwärmt, das Sie aber noch nie im Laden gesehen haben. Wir hoffen, dass Sie mit der Stoffauswahl, den Accessoires und den verschiedenen Trageweisen zu unterschiedlichen Gelegenheiten jedes Kleid ganz persönlich interpretieren. Machen Sie aus dem Zuschneiden und Nähen ein Erlebnis für alle Sinne, indem Sie dabei Musik aus dieser Zeit hören oder einen Film aus dem entsprechenden Jahrzehnt einlegen. Wir hoffen, dieses Buch zeigt Ihnen nicht nur, wie man Kleider näht, sondern weckt auch die Audrey Hepburn oder die Madonna in Ihnen – oder auch beide!

ALLGEMEINE ANWEISUNGEN

GRÖSSENBESTIMMUNG

Alle Muster liegen in den Größen XS bis L vor. Bevor Sie die Schnittteile abpausen, müssen Sie genau Maß nehmen. Anhand der Tabelle unten können Sie bestimmen, welche Größe am besten zu Ihrer Figur passt. Wenn Ihre Maße zwischen zwei Größen liegen, schneiden Sie die Teile zwischen den Linien aus. Weichen Brust-, Taillen- oder Hüftumfang von der Tabelle ab, führen Sie die Linien der entsprechenden Größe mit denen der eigentlichen Größe zusammen.

	XS	S	M	L
Brustumfang	79 cm	84 cm	89 cm	94 cm
Taillenumfang (6 mm über dem Bauchnabel)	62 cm	67 cm	72 cm	77 cm
Hüftumfang (22 cm unter dem Bauchnabel)	88 cm	93 cm	98 cm	103 cm

ANWEISUNGEN LESEN

Lesen Sie alle Anweisungen sorgfältig durch, bevor Sie mit dem gewählten Projekt beginnen. Sehen Sie sich die Anordnung der Schnittteile an. Schlagen Sie im Abschnitt »Begriffe, Techniken und Hilfsmittel« (S. 137) nach, wenn Ihnen eine Anweisung nicht geläufig ist.

SCHNITTMUSTER ABPAUSEN

Die Schnittmusterbögen in diesem Buch sind beidseitig bedruckt, und die Schnittteile überlappen sich teilweise. Daher müssen Sie die Schnittteile abpausen. Am besten eignet sich dafür Butterbrot- oder Transparentpapier, das in vielen Kurzwaren- und Künstlerbedarfsgeschäften erhältlich ist. Praktisch ist auch ein Kopierrad, das auf dem Transparentpapier eine Perforierung hinterlässt, ohne das Originalmuster zu zerstören. Ziehen Sie gerade Linien mit einem Lineal nach und achten Sie darauf, alle Markierungen wie Fadenläufe, Knipse, Bruchkanten etc. mit zu übertragen.

PROBESTÜCK ANFERTIGEN

Bevor Sie den Stoff zuschneiden, sollten Sie ein Probestück anfertigen, das traditionell aus Nesseltuch (leichter, gewebter Baumwollstoff, ungefärbt und preisgünstig) hergestellt wird. Wenn Sie allerdings eins der Strickkleider oder ein Kleid im Schrägschnitt nähen, wählen Sie für das Probestück einen preisgünstigen Stoff, der ebenso elastisch ist bzw. ähnlich fällt wie der Originalstoff.

Die Säume brauchen Sie beim Probestück nicht zu versäubern. In diesem Schritt geht es vor allem darum, die Passform zu überprüfen und Änderungen vorzunehmen, bevor der Originalstoff zugeschnitten wird.

STOFFAUSWAHL

In jedem Kapitel finden Sie eine Liste mit Stoffvorschlägen, die sich für das jeweilige Kleid besonders gut eignen. Wenn Sie einen anderen Stoff verwenden, werden Sie möglicherweise Unterschiede in Silhouette, Faltenwurf und Passform feststellen. Falls Sie ein Gewebe mit Flor oder einer Musterrichtung verwenden, kaufen Sie mehr Stoff als angegeben, damit das Muster oder der Flor in allen Schnittteilen in derselben Richtung liegt.

STOFF VORBEREITEN

Alle Stoffe müssen vor dem Zuschneiden vorgewaschen werden. Das Vorwaschen entfernt überschüssige Farbe (daher immer ähnliche Farben zusammen waschen) und lässt den Stoff eventuell etwas einlaufen. Nach dem Waschen muss der Stoff unbedingt gebügelt werden. Achten Sie dabei auf die richtige Einstellung an Ihrem Bügeleisen. Bewegen Sie das Bügeleisen vorsichtig in Faserrichtung über den Stoff und bügeln Sie immer nur einen kleinen Teil. Stoffe, die nicht in der Maschine gewaschen werden dürfen, lassen Sie chemisch reinigen oder waschen sie mit der Hand.

STOFF ZUSCHNEIDEN

Zu jedem Kleid gehört ein Schnittbild, das anzeigt, wie der Stoff gefaltet wird, bevor die abgepausten Papierschnittteile darauf ausgelegt werden. Achten Sie darauf, dass der Fadenlauf aller Schnittteile genau parallel zur Webkante des Stoffes liegt (dem gewebten, nicht geschnittenen Stoffrand). Für eine korrekte Ausrichtung legen Sie am besten ein Lineal im rechten Winkel zum Anfang des Schnittteil-Fadenlaufs und messen den Abstand zur Webkante, dann messen Sie den Abstand noch einmal am Ende des Fadenlaufs und korrigieren die Lage des Schnittteils, bis beide Maße identisch sind. Halten Sie die Schnittteile beim Zuschneiden mit Stecknadeln oder Gewichten in Position. Vergessen Sie nach dem Zuschneiden der einzelnen Schnittteile nicht das Einknipsen, schneiden Sie den Stoff jedoch nicht tiefer ein, als die kleinen Keile reichen. Schnittmuster mit zusätzlichen Markierungen wie Abnähern, Punktmarkierungen, Bruchkanten, Nahtlinien oder Knöpfen/Knopflöchern sollten auf die linke Stoffseite übertragen werden.

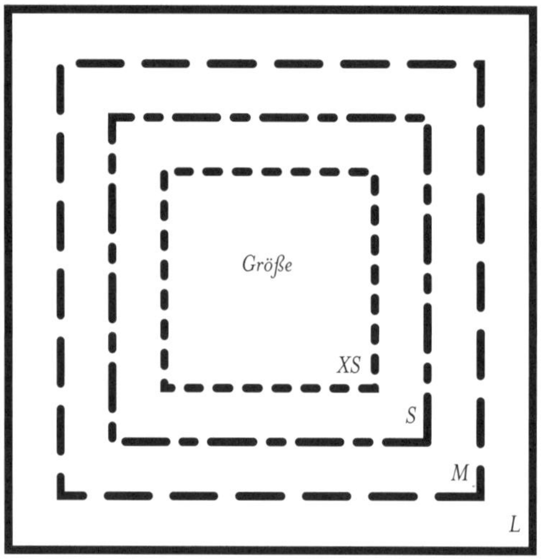

Bruchkante

Fadenlauf

Positionierung an der Bruchkante

Nahtlinie auf Muster

Schnittlinie

Knipse

Punktmarkierung

Knopfloch

Knopf

Schnittbild Schnittmusterpapier linke Seite

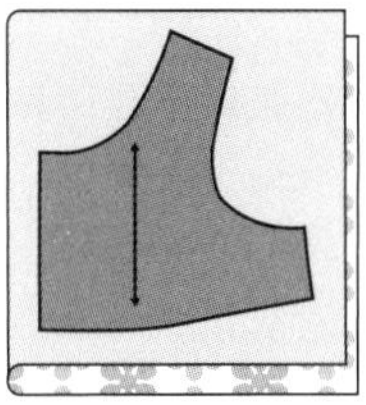

Schnittbild Schnittmusterpapier rechte Seite

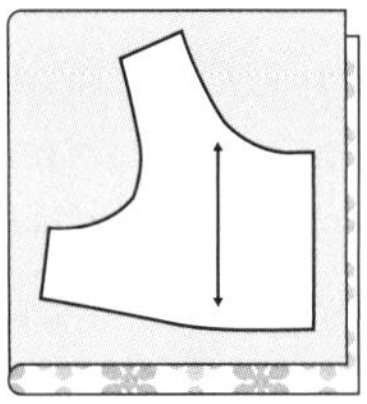

rechte Seite

linke Seite

Bügeleinlage

Nahtlinie

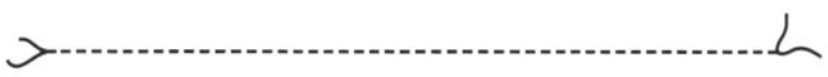

Heftnaht

Stretchstich

Bruchkante *B*

Webkante *W*

DIE KLEIDER

BETTE DAVIS

BETTE DAVIS

------ *Schwierigkeitsgrad: mittel/fortgeschritten* ------

Im Hollywood der 1930er und 1940er Jahre wimmelte es nur so von schlanken Blondinen, die sympathische Rollen in harmlosen Filmchen suchten. Die vollbusige, kurvenreiche Bette Davis jedoch, deren Figur unter Hollywoods Kostümbildnern als »schwierig« galt, hielt sich von diesem Ideal fern und nahm unkonventionelle Rollen an, in denen sie manipulierte oder gar mordete. »Wie dumm von mir, nach Hollywood zu kommen«, sagte sie einmal, »wo man nur Platinblond spricht und Beine wichtiger sind als Talent.« Tatsächlich nahm sie die Schauspielkunst sehr ernst und bereitete sich auf jede neue Rolle so intensiv vor, dass sie dafür selbst körperliche Veränderungen in Kauf nahm, auch wenn das Ergebnis entschieden unattraktiv war. Sie wollte kein Sexsymbol sein und zeigte sich auf der Leinwand in so vielen Modestilen, dass es schwierig ist, ihren ganz persönlichen Stil genau zu bestimmen; dennoch wurde sie von der New Yorker Fashion Academy in den 1930er Jahren unter die zwölf bestgekleideten Frauen Amerikas gewählt und gilt bis heute als Idealfigur des alten Hollywood-Glanzes. Jeder, der sie außerhalb ihrer Filme einmal in einem ihrer umwerfenden Abendkleider gesehen hat, weiß auch genau, warum. Sie liebte die damals modernen Kleider im Schrägschnitt und trug gern schulterfreie Kleider mit tief ausgeschnittenem Rücken, die ihre Schultern betonten. Für zusätzlichen Glamour sorgten Flatterärmel, Boleros und Schulterüberwürfe.

Sowohl das Originalkleid als auch die Variation sind schräg geschnitten mit geschwungener Empiretaille und Prinzessnähten. Die Kleider liegen nicht eng an, sondern umschmeicheln ebenso elegant wie sexy die Kurven der Trägerin.

Für den echten Bette-Davis-Look sorgt der Originalschnitt mit dem fließenden Volant von den Schulternähten bis zur tiefen Rückenmittelnaht. Godets zwischen den Rockbahnen sorgen für zusätzliches Volumen. Für unsere Interpretation des Originals haben wir für den Volant und die Godets einen durchscheinenden Stoff in Kontrastfarben gewählt. Wählen Sie die Stoffkombination, die Ihnen am meisten zusagt.

Die Variation ist weniger voluminös, zeigt aber etwas mehr Haut. Ohne Volant und Godets wird daraus ein moderneres, stromlinienförmiges Filmstarkleid. Sie können ganz nach Geschmack für eine betonte Schulterpartie und schmale Hüften auch nur den Volant ansetzen oder die Schultern frei lassen und nur die Godets einsetzen, damit der Rock schön schwingt.

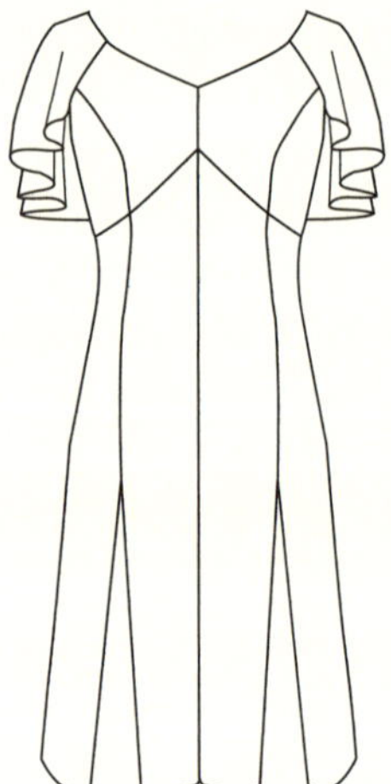

{vorne}

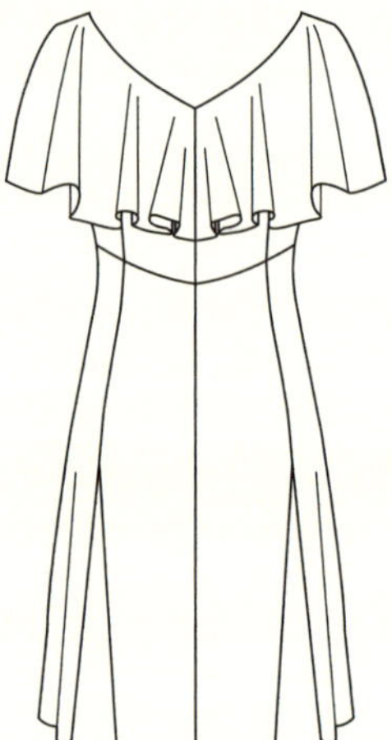

{hinten}

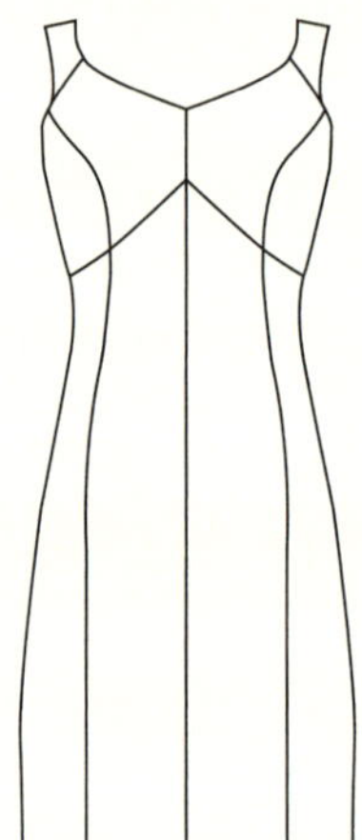

{Variation}

{Variation}

STOFFVORSCHLÄGE

Crêpe Georgette, Crêpe-de-Chine, Chiffon, Linon

--- MASSE ---
3,40 m (115 cm breit)

--- KURZWAREN ---
Reißverschluss, 50 cm
passendes Garn
leichte Vlieseinlage: 45 cm (112 cm breit) oder 90 cm (56 cm breit)

SCHNITTBILD FÜR DIE EINZELNEN TEILE

1 Oberteil, Mittelteil vorn
2 Oberteil, Seitenteil vorn
3 Oberteil, Mittelteil hinten
4 Oberteil, Seitenteil hinten
5 Rock, Mittelteil vorn
6 Rock, Seitenteil vorn
7 Rock, Mittelteil hinten
8 Rock, Seitenteil hinten
9 Godet (optional)
10 Träger
11 Volant (optional)
12 Beleg Ausschnitt vorn
13 Beleg Ausschnitt hinten

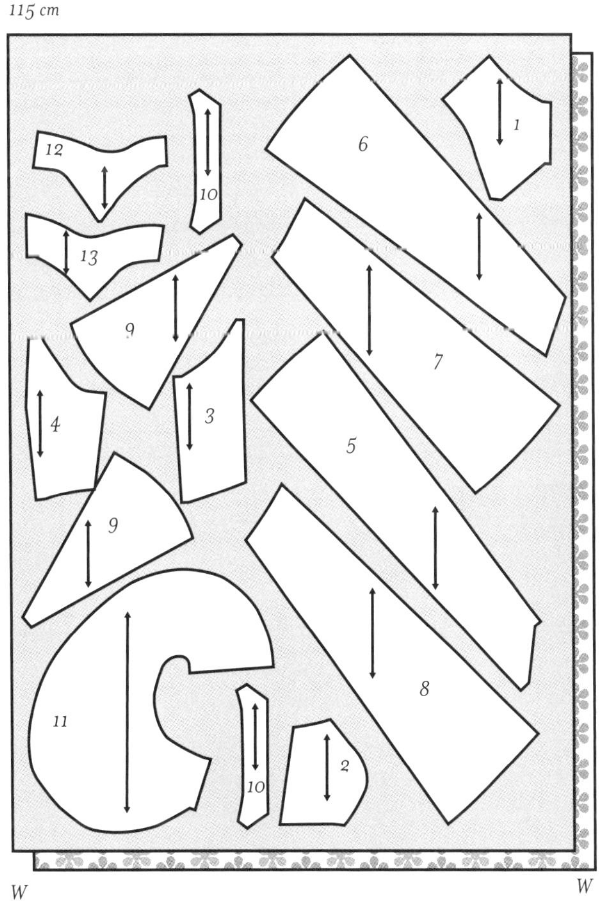

NÄHANLEITUNG

Alle Nahtzugaben betragen 1,6 cm, sofern nicht anders angegeben. Zum Zuschneiden zwei Lagen Stoff ungefaltet mit den **rechten** Seiten aufeinanderlegen und die Webkanten aufeinander ausrichten. Bei Stoffen mit Flor oder Musterrichtung darauf achten, dass beide Lagen in derselben Richtung liegen und die Schnittteile in Übereinstimmung mit dem Muster oder dem Flor ausgelegt sind.

Tipp: Achten Sie bei Stoffen mit viel schrägem Faltenwurf darauf, dass die Stoffkanten parallel liegen, bevor Sie die Schnittteile feststecken. Schneidematte und Rollschneider sorgen dafür, dass der Stoff flach liegen bleibt. Beim Zuschneiden mit der Schere darauf achten, dass die untere Klinge beim Schneiden auf der Arbeitsfläche aufliegt.

1. Alle Schnittteile nach dem Schnittbild aus dem Stoff zuschneiden. Vlieseinlage für die Stücke 10, 12 und 13 zuschneiden.

2. Die Einlagen auf Belege und Träger aufbügeln (s. S. 141).

3. Die Punktmarkierungen durchschlagen oder mit Hilfe von Kopierpapier (s. S. 144) oder einer Ahle (s. S. 144) übertragen.

Tipp: Damit schräggeschnittener Stoff nicht ausleiert, die Konturen aller Schnittteile mit Heftstichen (s. S. 138) oder Stützstichen (s. S. 142) versehen.

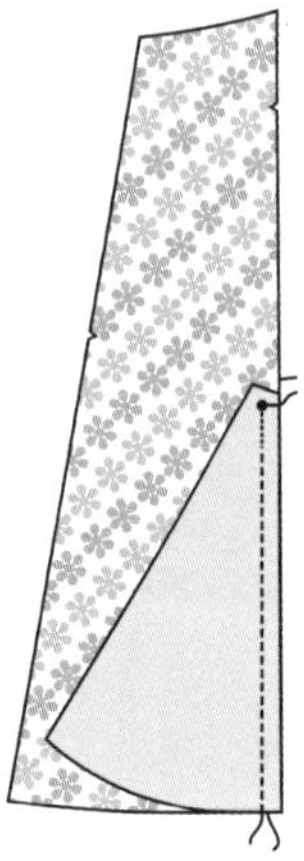

{Abb. 1}

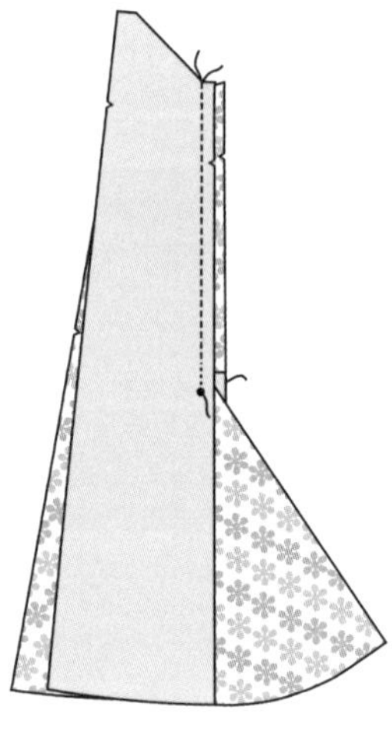

{Abb. 2}

ROCK

Wenn Sie keine Godets einsetzen, überspringen Sie diesen Abschnitt.

1. Godet **rechts auf rechts** auf die rechte Seitenbahn des vorderen Rockseitenteils legen, dabei die Punktmarkierungen aufeinander ausrichten. Von der Punktmarkierung zum Rocksaum steppen, dabei mit kurzer Stichlänge beginnen und dann auf 2–3 erhöhen. *{Abb. 1}*

2. Rechtes mittleres Rockvorderteil **rechts auf rechts** auf das vordere Rockseitenteil legen, dabei Punktmarkierungen und Knipse aufeinander ausrichten. Godet von der Nahtzugabe wegziehen. Die Nadel so positionieren, dass die neue Naht an die Naht aus dem vorigen Schritt anschließt, mit kurzer Stichlänge beginnen und von der Punktmarkierung bis zur Taille nähen. *{Abb. 2}*

3. Die Nahtzugaben von vorderem Rockmittelteil und Godet aufeinander ausrichten. Das vordere Seitenteil und den Godetstoff von der Nahtzugabe wegziehen. Die Nadel so positionieren, dass die neue Naht an die Naht aus dem vorigen Schritt anschließt, mit kurzer Stichlänge beginnen und von der Punktmarkierung bis zum Rocksaum nähen. *{Abb. 3}*

4. Alle Nahtzugaben auseinanderbügeln. *{Abb. 4}*

5. Schritte 1 bis 4 für die linke Rockvorderseite wiederholen.

6. Schritte 1 bis 5 für das hintere Mittelteil und die hinteren Seitenteile wiederholen.

Tipp: Stecken Sie die Teile sorgfältig ab! Schräggeschnittene Stoffe verschieben sich beim Nähen häufig. Durch enges Abstecken stellen Sie sicher, dass die zusammengenähten Teile dieselbe Nahtlänge haben. Das Zusammenheften der Nähte mit der Hand vor dem Steppen verleiht ihnen zusätzliche Stabilität.

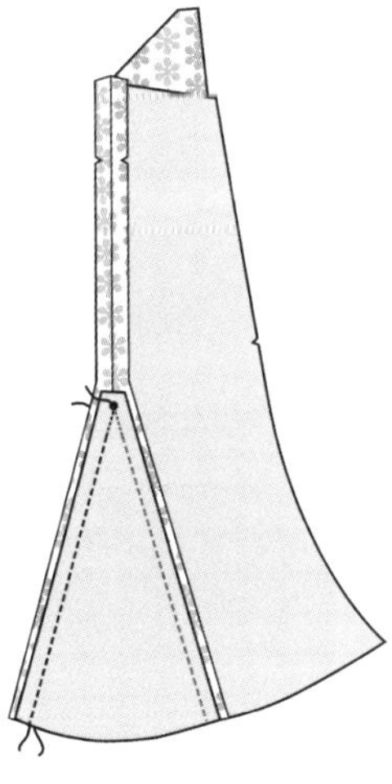

{Abb. 3}

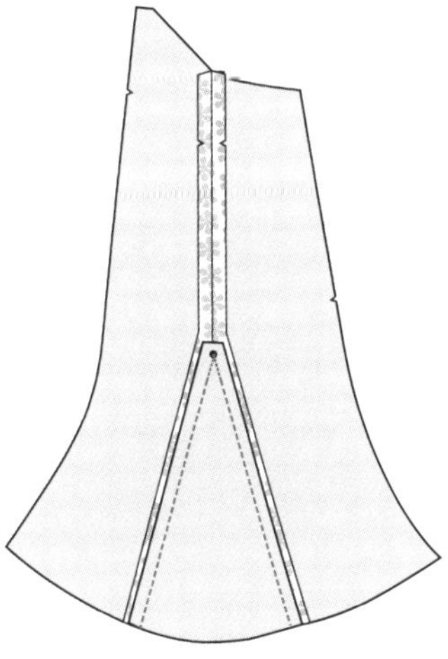

{Abb. 4}

ROCK OHNE GODETS

1. Das vordere Rockmittelteil **rechts auf rechts** mit dem vorderen Rockseitenteil zusammennähen, dabei Knipse und Punktmarkierungen aufeinander ausrichten. Die Nahtzugaben auseinanderbügeln. Auf der anderen Seite ebenso verfahren.
2. Das hintere Rockmittelteil **rechts auf rechts** mit dem hinteren Rockseitenteil zusammennähen, dabei Knipse und Punktmarkierungen aufeinander ausrichten. Die Nahtzugaben auseinanderbügeln. Auf der anderen Seite ebenso verfahren.

OBERTEIL UND TRÄGER

1. Das hintere Mittelteil des Oberteils **rechts auf rechts** mit dem hinteren Seitenteil zusammennähen. Die Nahtzugaben auseinanderbügeln. Auf der anderen Seite ebenso verfahren. *{Abb. 5}*
2. Den Träger **rechts auf rechts** am Armloch entlang auf das hintere Seitenteil nähen, dabei die Knipse aufeinander ausrichten. Die Nahtzugaben erst auseinander-, dann auf den Träger bügeln. Auf der anderen Seite ebenso verfahren.
3. Den hinteren Ausschnittbeleg **rechts auf rechts** mit den verstärkten Trägern zusammennähen, dabei die Knipse aufeinander ausrichten. Die Nahtzugaben erst auseinander-, dann auf den Träger bügeln. Auf der anderen Seite ebenso verfahren. *{Abb. 6}*

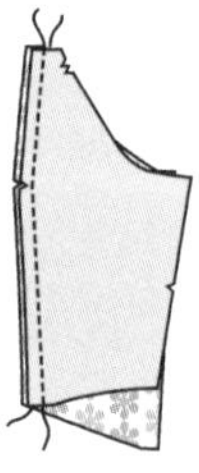

{Abb. 5}

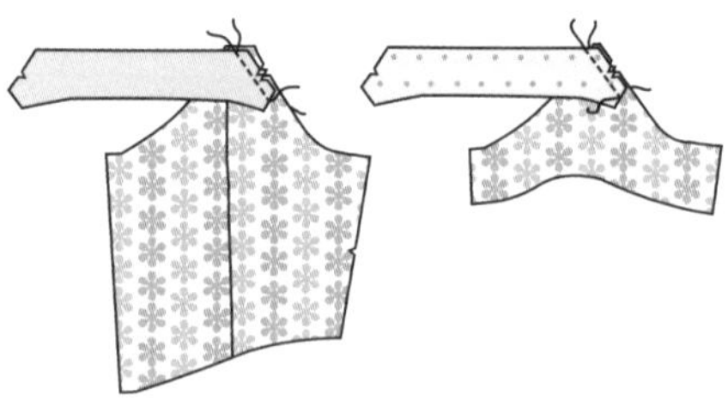

{Abb. 6}

VOLANT

Wenn Sie das Kleid ohne Volant nähen, überspringen Sie diesen Abschnitt.

1. Den Volant **rechts auf rechts** auf Rückenteil und Träger legen, dabei den Halsausschnittknips am Volant auf die Nahtlinie zwischen Träger und Oberteil ausrichten. Am Halsausschnitt entlang mit 6 mm Nahtzugabe feststeppen. *{Abb. 7}*
2. Den Beleg für hinteren Halsausschnitt und Träger **rechts auf rechts** auf den Volant legen. Mit 6 mm Nahtzugabe am Ausschnitt entlang über die Naht aus dem vorigen Schritt nähen; der Volant liegt nun zwischen Rückenteil/Träger und Ausschnittbeleg/Träger. *{Abb. 8}*
3. Die Nahtzugaben auf den Ausschnitt-/Trägerbeleg bügeln und untersteppen (s. S. 143).
4. Den hinteren Ausschnitt- und Trägerbeleg so auf den Volant legen, dass die **rechten** Stoffseiten aufeinanderliegen.
   Den Volant zur Mitte des Armlochs schieben und jeweils einen Teil der vorderen und der hinteren Armlochnaht schließen.
5. So weit wie möglich am Armloch entlangnähen (von vorn nach hinten), ohne den Volant mit anzunähen. In diesem Schritt wird möglicherweise nur ein kleiner Abschnitt genäht.
6. So weit wie möglich am Armloch entlangnähen (von hinten nach vorn), ohne den Volant mit anzunähen. Idealerweise wird dabei ein kleines Stück des Trägers mit angenäht. *{Abb. 9}*
7. Die Nahtzugaben zurückschneiden, einknipsen (s. S. 139) und auseinanderbügeln. Träger und Volant so auf **rechts** drehen, dass der Beleg auf der **linken** Seite liegt.
8. Die unvernähten Nahtzugaben an den Trägern zur **linken** Stoffseite bügeln und die Naht mit der Hand schließen.
9. Die unversäuberte Volantkante entweder von Hand, mit der Maschine oder mit der Overlock-Maschine (s. S. 142) mit einem Rollsaum (s. S. 140) versäubern oder nicht versäubern und mit einer Stütznaht versehen (s. S. 142).
10. Den Volant an das Trägervorderteil heften.
11. Schritt 1 bis 10 auf der anderen Seite wiederholen.

Tipp: Legen Sie zur Arbeitserleichterung beim Auseinanderbügeln der Träger-Nahtzugaben einen schmalen Holzdübel oder ein kleines Pappröhrchen zwischen Beleg und Träger.

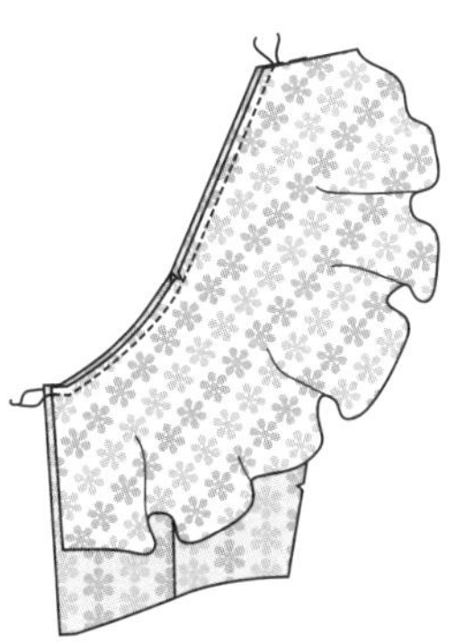

{Abb. 7}

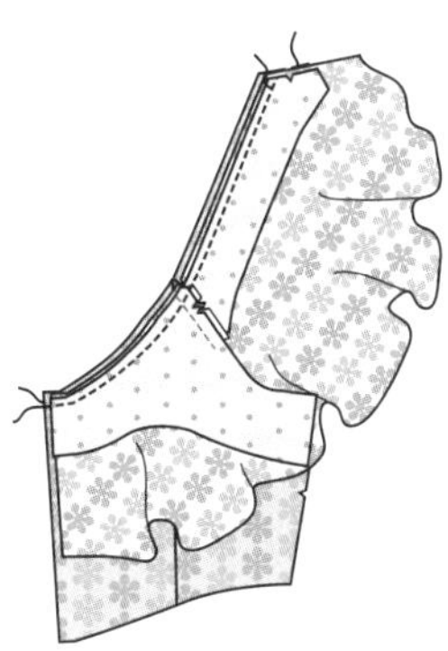

{Abb. 8}

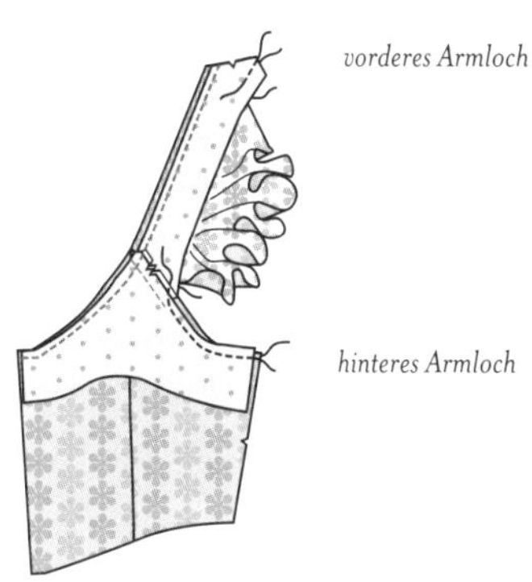

{Abb. 9}

VARIATION OHNE VOLANT

1. Den Beleg für hinteren Halsausschnitt und Träger **rechts auf rechts** auf das Rückenteil des Oberteils legen. Mit 6 mm Nahtzugabe am Ausschnitt entlangnähen.
2. Die Nahtzugaben auf den Ausschnitt-/Trägerbeleg bügeln und untersteppen (s. S. 143).
3. Den Ausschnitt-/Trägerbeleg so auf das Rückenteil des Oberteils legen, dass die **rechten** Seiten aufeinanderliegen. Vom vorderen Armloch zum hinteren Armloch feststeppen. Die Nahtzugaben zurückschneiden, einknipsen und auseinanderbügeln.
   Auf **rechts** wenden, so dass der Beleg auf der **linken** Seite liegt, und flach bügeln.
4. Schritt 1 bis 3 auf der anderen Seite wiederholen.

OBERTEIL VORN

1. Die Seitennähte des mittleren Vorderteils des Oberteils mit Stütznähten versehen und die Nahtzugaben einknipsen, damit die geschwungene Naht flach liegt.
2. Das vordere Mittelteil **rechts auf rechts** an das vordere Seitenteil steppen. Die Nahtzugaben auseinanderbügeln. Auf der anderen Seite ebenso verfahren. *{Abb. 10}*
3. Das Vorderteil des Oberteils **rechts auf rechts** auf Volant und/oder Träger legen, dabei die Knipse aufeinander ausrichten. Über die freie Schnittkante des Trägers (und des Volants) steppen. *{Abb. 11}*
4. Das Oberteil wenden und den vorderen Beleg mit der **linken** Seite nach oben auf den Träger (und den Volant) legen. Von der vorderen Mittelnaht aus feststeppen, den Stoff an dem Punkt drehen, wo Ausschnitt und Träger aufeinandertreffen, und bis zur Seitennaht weitersteppen. *{Abb. 12}*
5. Den vorderen Beleg auf **links** wenden und flach bügeln.

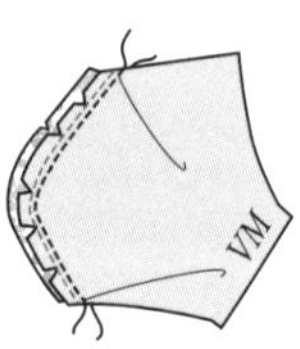

{Abb. 10}

{Abb. 11}

{Abb. 12}

OBERTEIL AN ROCK NÄHEN

1. Das vordere Oberteil **rechts auf rechts** an das Rockvorderteil nähen, dabei die Nähte aufeinander ausrichten. Die Nahtzugaben auseinanderbügeln. Auf der anderen Seite ebenso verfahren. *{Abb. 13}*
2. Das hintere Oberteil **rechts auf rechts** an das hintere Rockteil nähen, dabei die Nähte aufeinander ausrichten. Die Nahtzugaben auseinanderbügeln. Auf der anderen Seite ebenso verfahren.
3. Die vordere Mittelnaht **rechts auf rechts** schließen, dabei den Beleg nach oben umklappen und Knipse und Nahtlinien von Rock und Beleg aufeinander ausrichten. Die Nahtzugaben auseinanderbügeln, dann den Beleg auf die **linke** Seite bügeln. *{Abb. 14}*
4. Das vordere und das hintere Seitenteil **rechts auf rechts** zusammensteppen, dabei den Beleg nach oben umklappen und Knipse und Nahtlinien von Rock und Beleg aufeinander ausrichten. Die Nahtzugaben auseinanderbügeln, dann den Beleg auf die **linke** Seite bügeln. Auf der anderen Seite ebenso verfahren.
5. Im Nahtschatten der Seitennaht steppen (s. S. 142), damit die Belege flach liegen.

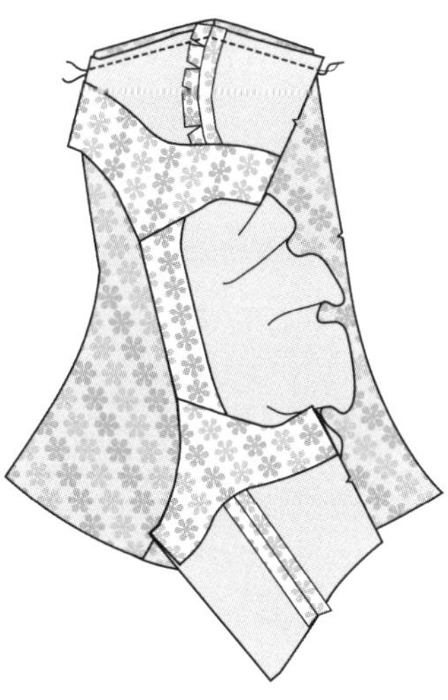

{Abb. 13}

FERTIGSTELLEN

Tipp: Lassen Sie schräggeschnittene Kleider ein bis zwei Tage aushängen, bevor Sie den Reißverschluss einsetzen und die Säume versäubern, da sich der Stoff noch nachdehnt. Markieren Sie die gewünschte Saumhöhe während der Anprobe mit dem Meterstab vom Boden aus. Markieren Sie die Schnittlinie oder Bruchkante mit Schneiderkreide oder Stecknadeln.

1. Den Volant nur an der mittleren Rückennaht des Oberteils festheften (s. S. 138), nicht am Beleg.
2. Den Reißverschluss zwischen Oberkante und doppelten Knipsen an der hinteren Mittelnaht des Rocks verdeckt einsetzen (s. S. 140).

Tipp: Den verdeckten Reißverschluss zwischen Ausschnitt und Doppelknipsen an der hinteren Mittelnaht des Rocks festheften, dann das Kleid anprobieren, um die Position des Reißverschlusses zu überprüfen; falls er sich wellt, den Sitz korrigieren.

3. Den Saum von Hand, mit der Maschine oder mit der Overlock-Maschine als Rollsaum versäubern (s. S. 140) oder nicht versäubern und mit einer Stütznaht versehen (s. S. 142).

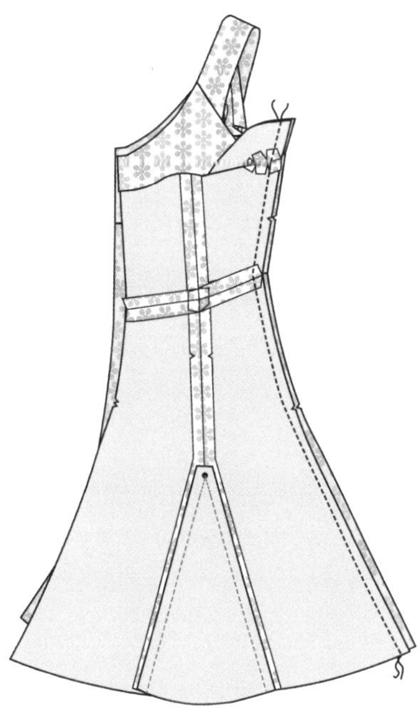

{Abb. 14}

RITA HAYWORTH

RITA HAYWORTH

------ *Schwierigkeitsgrad: einfach/mittel* ------

Rita Hayworth trug lieber ausgebeulte Jeans und Slippers als raffinierte Abendkleider, und sie weigerte sich, nackt zu posieren, denn, so sagte sie, »alle Frauen besitzen eine gewisse Eleganz, welche aber verschwindet, sobald sie sich ihrer Kleider entledigen.« Und doch wurde die Hayworth zum größten Sexsymbol ihrer Zeit und trug den Spitznamen »Liebesgöttin« nach ihrer Kultrolle in *Gilda*. Das beste Beispiel, dass es oft am erotischsten wirkt, einen Rest der Phantasie des Betrachters zu überlassen, ist wohl das Coverfoto von Rita Hayworth auf dem *Life Magazine*, auf dem sie ein langes Negligé trägt, das wenig mehr enthüllt als ihre Arme. Es wurde zu einem der beliebtesten Pin-up-Bilder unter den amerikanischen Soldaten im 2. Weltkrieg. Als Muse von Jean-Louis, dem Chefdesigner der Hollywoodstars im »Goldenen Zeitalter«, wurde Rita Hayworth auch zur Stilikone für die Frauen ihrer Zeit und trug in ihren Rollen Kostüme, die den Stil der modernen, modisch gekleideten Frau der frühen 1940er Jahre prägten. Auf der Leinwand erschien sie gern in glamourösen, körperbetonten Gewändern, die ihre langen Beine betonten – mit 1,68 m war Rita Hayworth für die damalige Zeit eine große Frau, was für einige ihrer kleineren Tanzpartner zum Problem wurde, vor allem für Fred Astaire –, und hüllte ihre Kurven in luxuriöse Materialien wie Seide, Satin und Spitze. Als der Farbfilm aufkam, übte sie mit ihren roten Haaren, den dunkelroten Lippen und ihren Kleidern in satten Farben sogar eine noch stärkere Anziehungskraft aus.

Dieses Kleid ist wie geschaffen zum Tanzen. Sind Sie in Stimmung für einen Tango?
Nähen Sie das Originalkleid mit den längeren Ärmeln und dem tieferen Rocksaum. Die Raffungen vorn und an den Schultern machen eine schlanke Taille und betonen die Körperrundungen.
Für noch mehr Sexappeal sorgt schließlich die Raffung unter dem Po.

Wenn Sie eher im Nachtclub als im Ballsaal tanzen möchten, nähen Sie die Variation in Tunikalänge mit unverdecktem Reißverschluss an der vorderen Mittelnaht. Die kurzen Ärmel fallen anmutig über die Oberarme.
Mit beiden Versionen werden Sie einen umwerfenden Eindruck machen – Rita wäre stolz auf Sie.

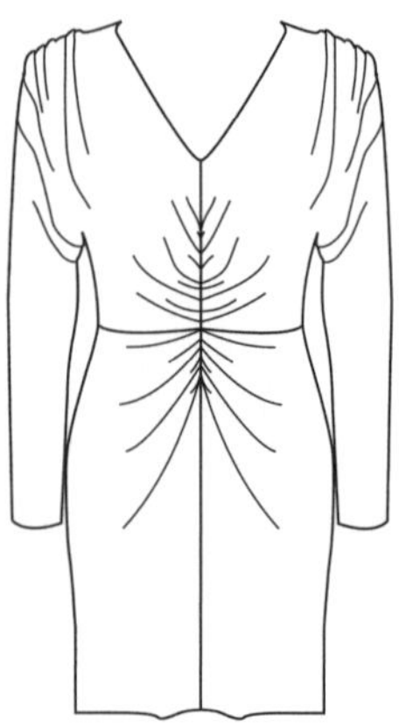

{vorn}

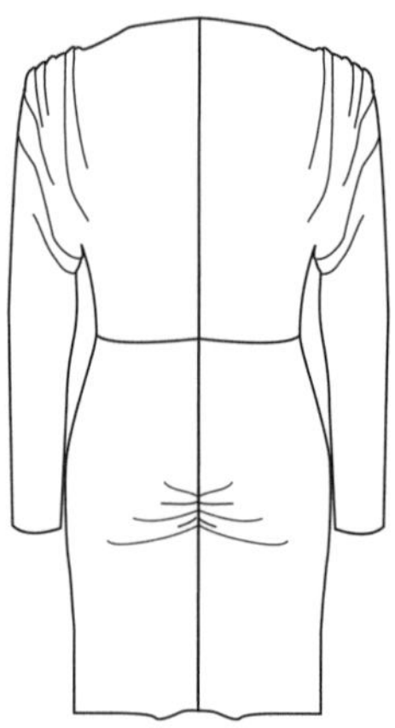

{hinten}

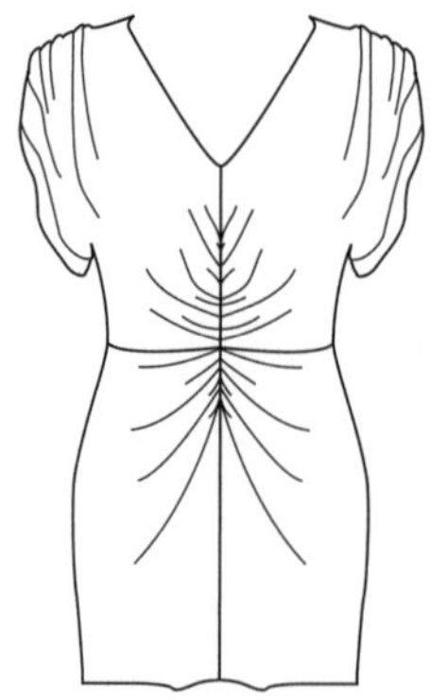

{Variation}

{Variation}

STOFFVORSCHLÄGE

Passend für die meisten leichten bis mittelschweren 2- oder 4-Wege-Stretchmaterialien. Nicht geeignet für Rippstrick.

--- MASSE ---

2,5 m (150 cm breit)

--- VARIATION MIT KURZEN ÄRMELN ---

1,4 m (150 cm breit)

--- KURZWAREN ---

57 cm Gummiband, 6 mm breit

teilbarer Reißverschluss, 46 cm

passendes Garn

SCHNITTBILD FÜR DIE EINZELNEN TEILE

1 Oberteil vorn
2 Oberteil hinten
3 Rock vorn
4 Rock hinten
5 Halsbeleg
Gummiband Schulter
Gummiband hintere Mittelnaht
Gummiband vordere Mittelnaht
(nicht nötig bei Reißverschluss-Variante)

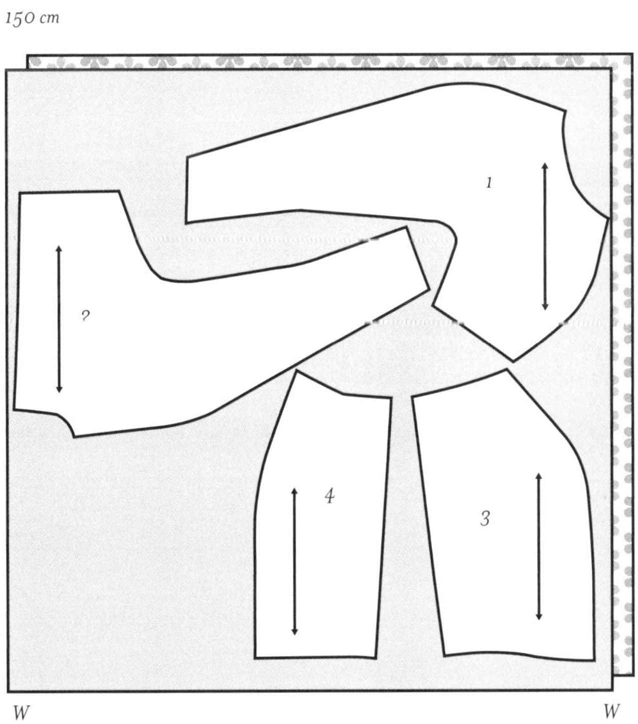

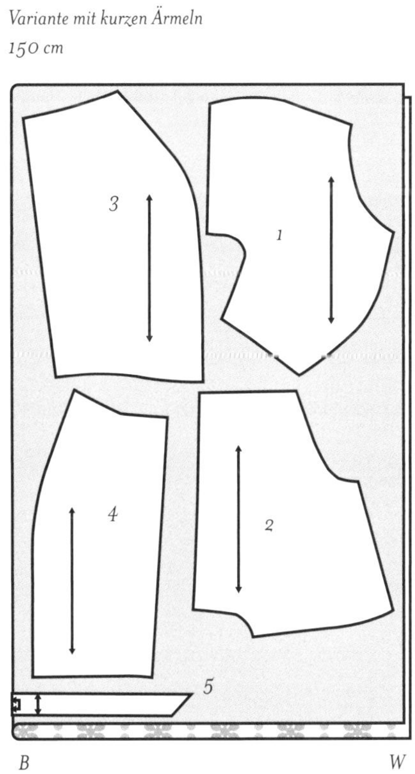

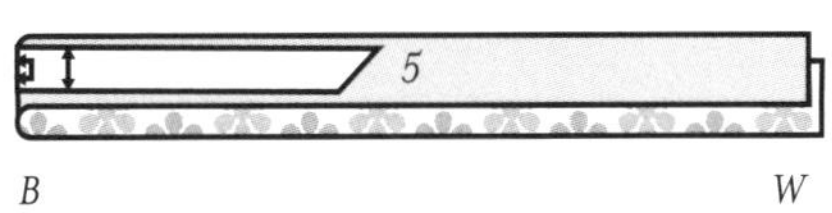

NÄHANLEITUNG

Alle Nahtzugaben betragen 1,6 cm, sofern nicht anders angegeben. Alle Nähte im Stretchstich (s. S. 143) nähen, sofern nicht anders angegeben.

Alle Schnittteile nach dem Schnittbild aus dem Stoff zuschneiden. Gummiband nach den Gummiband-Schnittteilen zuschneiden. Für die Langarm-Variation zum Zuschneiden zwei Lagen Stoff ungefaltet mit den **rechten** Seiten aufeinanderlegen und die Webkanten aufeinander ausrichten. Bei Stoffen mit Flor oder Musterrichtung darauf achten, dass beide Lagen in derselben Richtung liegen und die Schnittteile in Übereinstimmung mit dem Muster oder dem Flor ausgelegt sind.

OBERTEIL VORN

1. Das Vorderteil des Oberteils **rechts auf rechts** an das Rockvorderteil nähen, dabei die Knipse aufeinander ausrichten. Die Nahtzugaben auseinanderbügeln. Auf der anderen Seite ebenso vorgehen, so dass ein rechtes und ein linkes Vorderteil entstehen. *{Abb. 1}*

Für die Reißverschluss-Variante die nächsten drei Schritte überspringen und mit dem Abschnitt »Reißverschluss-Variante« fortfahren.

2. Die Vorderseiten **rechts auf rechts** legen. Die mittlere Vordernaht zwischen den Knipsen zusammenheften (s. S. 138), dabei die Nähte aufeinander ausrichten. *{Abb. 2}*
3. Den Stoff zwischen den Knipsen bis auf die Länge des Gummibands für die vordere Mittelnaht kräuseln (s. S. 140). *{Abb. 3}*
4. Das Gummiband auf der Kräuselnaht feststecken, ohne es zu dehnen. Im Zickzackstich über die gesamte Länge der vorderen Mittelnaht vom Halsausschnitt bis zum Saum nähen; darauf achten, dass das Gummiband dabei erfasst wird. Lassen Sie sich Zeit! *{Abb. 4}*

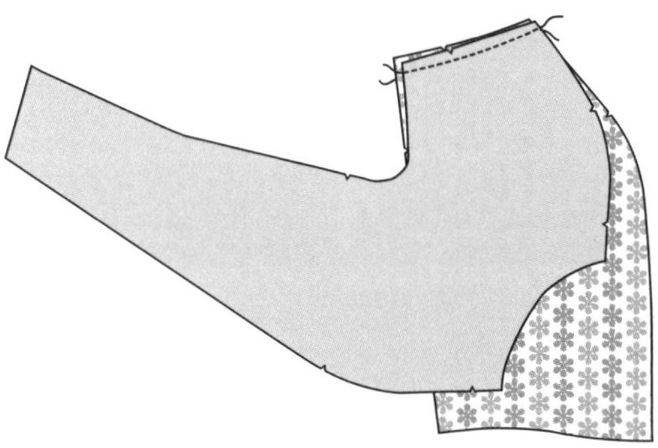

{Abb. 1}

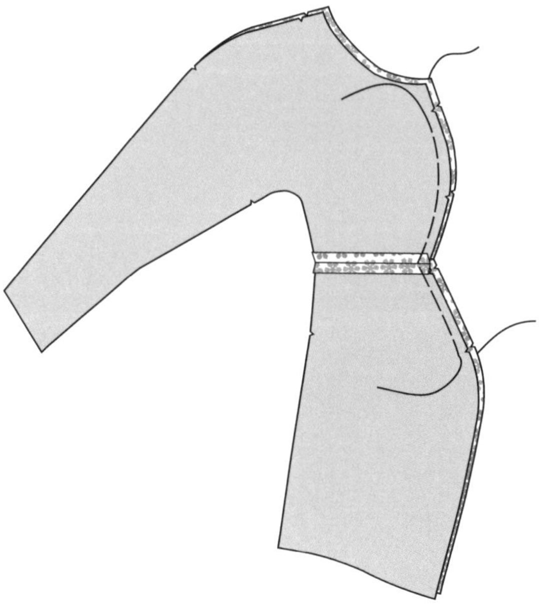

{Abb. 2}

REISSVERSCHLUSS-VARIANTE

1. Auf einer Seite des Vorderteils die vordere Mittelnaht zwischen den Knipsen mit einer Heftnaht (s. S. 138) versehen, dabei 1,6 cm Nahtzugabe stehen lassen. Auf der anderen Seite ebenso verfahren.
2. Die einzelnen Vorderteile nach dem Schnittteil »Gummiband vordere Mittelnaht« je nach Körpergröße auf die passende Länge kräuseln (s. S. 140), dabei den Stoff gleichmäßig so raffen, dass Nähte und Knipse aufeinander ausgerichtet sind. Auf die vordere Mittelnaht wird dabei kein Gummiband genäht; nur das Schnittmusterteil als Orientierungshilfe verwenden.
3. Eine Vorderseite **rechts auf rechts** an das Reißverschlussband heften, dabei an Halsausschnitt und Saum zum Versäubern 1,6 cm Nahtzugabe stehen lassen. Auf der anderen Seite ebenso vorgehen. Den Reißverschluss schließen und auf gleichmäßige Raffung und ausgerichtete Nähte überprüfen. Nach Bedarf korrigieren.
4. Den geöffneten, geteilten Reißverschluss mit Geradstich entlang der Heftnaht aus Schritt 3 am Vorderteil feststeppen. Das Reißverschlussband auf die **linke** Seite bügeln. Auf der anderen Seite ebenso verfahren.

Tipp: Beim Einnähen eines Reißverschlusses den Schieber zunächst ans ferne Ende schieben. Wenn Sie sich beim Nähen dem Schieber nähern, die Nadel absenken, den Nähfuß anheben und den Schieber wieder zurückziehen, dann den Nähfuß senken und weiternähen.

5. Im Nahtschatten der Taillennaht steppen (s. S. 142), um Reißverschlussband und Nahtlinie auf der **linken** Seite festzunähen. Auf der anderen Seite ebenso verfahren.

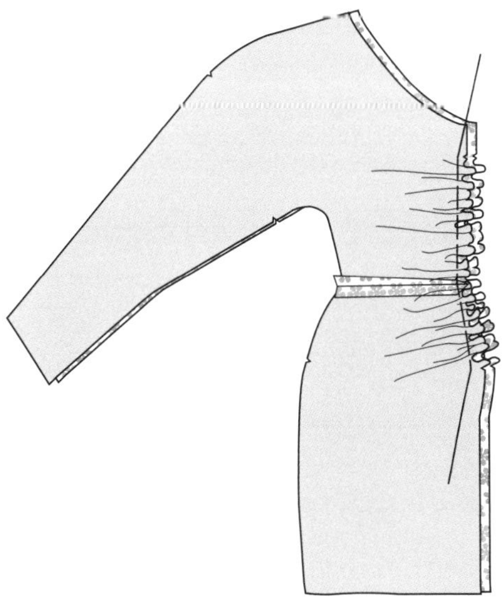

{Abb. 3}

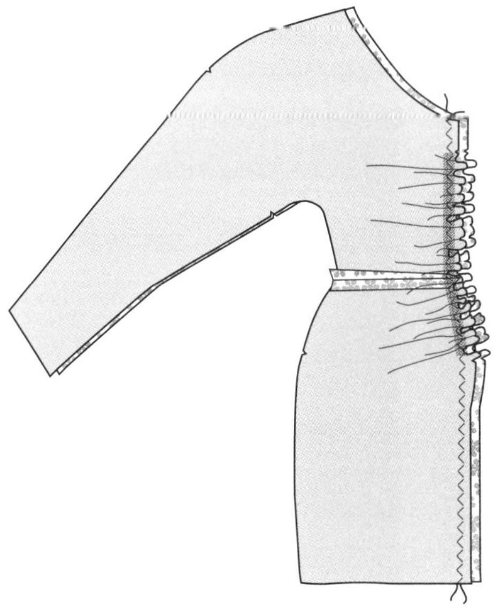

{Abb. 4}

OBERTEIL HINTEN

1. Das obere Rückenteil **rechts auf rechts** an das hintere Rockteil nähen, dabei die Knipse aufeinander ausrichten. Die Nahtzugaben auseinanderbügeln. Auf der anderen Seite ebenso vorgehen, so dass ein rechtes und ein linkes Rückenteil entstehen. *{Abb. 5}*
2. Die Rückenmittelnaht zwischen den Knipsen mit 1,6 cm Nahtzugabe **rechts auf rechts** zusammenheften.
3. Den gehefteten Abschnitt auf 7,5 cm Länge raffen, sich dabei am zugeschnittenen Gummiband für die Rückenmittelnaht orientieren.
4. Das Gummiband ungedehnt auf der Kräuselnaht feststecken. Im Zickzackstich über die Länge der hinteren Mittelnaht vom Hals bis zum Saum nähen; darauf achten, dass das Gummiband erfasst wird und die Taillennähte aufeinander ausgerichtet sind. *{Abb. 6}*

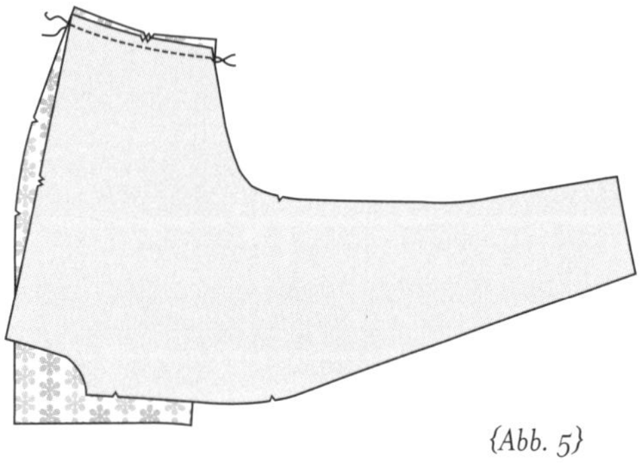

{Abb. 5}

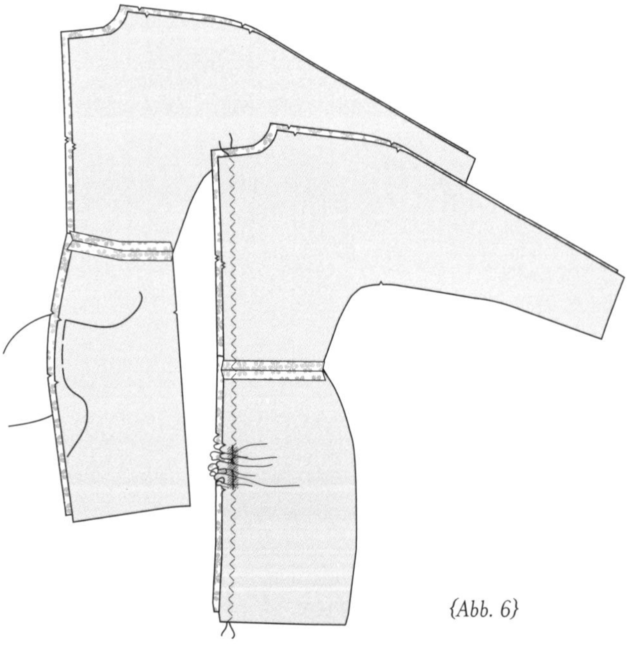

{Abb. 6}

ÄRMEL

1. Die Vorderseite **rechts auf rechts** auf die Rückseite legen. Beide Schulternähte mit 1,6 cm Nahtzugabe zwischen den Knipsen mit Heftstichen schließen.
2. Jede Schulter zwischen den Knipsen auf die Länge des zugeschnittenen Gummibands für die Schulternaht raffen. *{Abb. 7}*
3. Das ungedehnte Gummiband auf der Kräuselnaht feststecken. Die Schulternaht im Zickzackstich vom Halsausschnitt bis zum Saum schließen, dabei über das Gummiband nähen. Auf der anderen Seite ebenso verfahren. *{Abb. 8}*

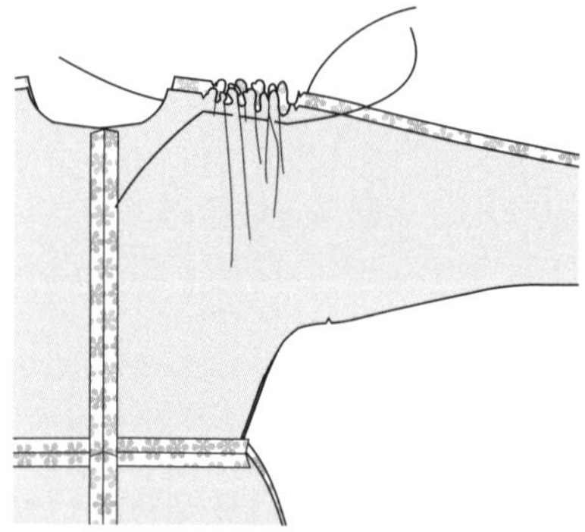

{Abb. 7}

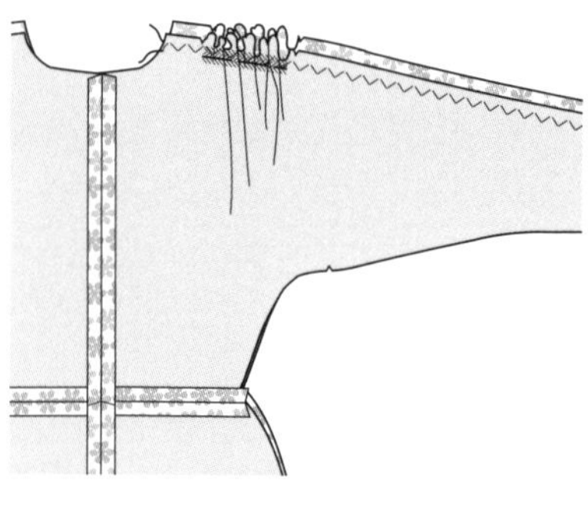

{Abb. 8}

BELEGE ANNÄHEN

Reißverschluss-Variante: Nur Schritte 2, 4 und 5.

1. Die vordere Mittelnaht des Halsausschnittbelegs **rechts auf rechts** schließen. Die Nahtzugaben auseinanderbügeln. Bei der Reißverschluss-Variante diesen Schritt überspringen.
2. Den Beleg **rechts auf rechts** am Halsausschnitt feststecken, dabei die vorderen Mittelnähte aufeinander und die Knipse auf die Schulternähte ausrichten.
3. Am Halsausschnitt entlang feststeppen, dabei an der vorderen Mittelnaht beginnen und enden. An der vorderen Mittelnaht einknipsen und den Beleg auf die **linke** Seite bügeln. Mit Schritt 5 fortfahren.
4. Reißverschluss-Variante: Das vordere Mittelteil von der unteren Belegkante aus bis zum Ausschnitt feststeppen, am Ausschnitt die Nährichtung ändern und um den Halsausschnitt herum bis zur anderen Seite der vorderen Mittelnaht weiternähen, die Nährichtung erneut ändern und an der Mittelnaht bis zur unteren Belegkante steppen. Die Ecken zurückschneiden und überschüssiges Reißverschlussband über die Nahtzugabe hinaus kürzen. Auf **rechts** wenden und den Beleg dabei auf die **linke** Seite umklappen.
5. Mit einer Zwillingsnadel (s. S. 143) 6 mm neben der vernähten Kante um den Ausschnitt herum feststeppen (s. S. 143). Überschüssige Belegteile, die unter der Steppnaht hervorstehen, zurückschneiden.

Tipp: Beim Nähen mit einer Zwillingsnadel immer die **rechte** Seite nach oben legen und die Fadenspannung an der Nähmaschine verringern.

SEITENNÄHTE

1. Die Seitennähte **rechts auf rechts** schließen, dabei die Knipse aufeinander und die Nahtlinien der Ärmelsäume auf die Saumlinie des Kleides ausrichten. Auf der anderen Seite ebenso vorgehen.

FERTIGSTELLEN

1,6 cm Nahtzugabe an Kleid- und Ärmelsäumen auf die **linke** Seite bügeln. Mit einer Zwillingsnadel absteppen.

Tipp: Wenden Sie vor dem Absteppen die Ärmel auf links, damit sie nicht über dem Nähmaschinenarm gedehnt werden. Sie können trotzdem mit der **rechten** Ärmelseite nach oben absteppen.

MARILYN MONROE

MARILYN MONROE

------ *Schwierigkeitsgrad: mittel* ------

Im Gegensatz zu Bette Davis verkörperte Marilyn Monroe die Femme fatale mit Leib und Seele. Sie wusste, dass ihr kurvenreicher Körper – in *Manche mögen's heiß* umschrieben als »Götterspeise auf Beinen« – ihr Schlüssel zum Erfolg war, und trug deshalb Kleider, die ihre Figur betonten und den größtmöglichen Sexappeal verströmten. Ihr Modestil unterstrich ihr Körperbewusstsein noch, da sie Tournüren, Schleifen und grelle Muster vermied und sich stattdessen auf klassische Farben wie Champagner, Schwarz, Braun und vor allem Weiß beschränkte. Häufig ließ sie sich in die Kleider einnähen; so konnte sie auf dem roten Teppich reißverschlussfreie Kleider tragen, die trotzdem wie eine zweite Haut saßen und keine Rüschen oder andere Verzierungen brauchten. Dieses von William Travilla entworfene weiße Nackenträgerkleid aus Crêpe trug sie in *Das verflixte 7. Jahr.* Es wurde zum kultigsten Filmkleid aller Zeiten gewählt und verkörpert wie kein anderes das Modegefühl dieser Königin aller blonden Sexbomben.

Keine Angst, Sie brauchen sich in dieses Kleid nicht einnähen zu lassen – es hat einen Reißverschluss am Rücken.
Und glauben Sie uns, es schmeichelt nicht nur der kurvenreichen Figur!
Den 8-bahnigen Rock mit der körpernahen Taille haben wir genau beim Original abgeschaut. Der tiefe V-Ausschnitt ist vielleicht etwas konservativer, als es der Monroe gefallen hätte, aber er lässt dennoch tief blicken.

Das Originalkleid hat einen Nackenträger und die Rockbahnen sind am geraden Fadenlauf des Stoffes entlang zugeschnitten – ideal für unifarbene Stoffe oder vollflächige Muster. Bei der Variation kreuzen sich die Träger im Rücken und werden an die Taille geknöpft. Sie können auch Rüschen oder Paspeln an der Oberteilmitte oder zwischen die einzelnen Säume nähen. Der schräge Fadenlauf der Rockbahnen, zugeschnitten aus einem Stoff mit Streifen- oder Karomuster, spielt mit geometrischen Figuren und erzeugt ein Diagonal- oder Fischgrätenmuster. Zur Unterstützung der Brustpartie können Sie das Oberteil mit einer Vlies- oder Flanelleinlage verstärken.

{vorn}

{Variation}

{Variation}

STOFFVORSCHLÄGE

Baumwollsatin, leichtes Leinen, Dupionseide, Seersucker. Für die Variation Streifen- oder Karomuster verwenden.

--- **MASSE** ---
3,1 m (115 cm breit)
--- oder ---
2,2 m (150 cm breit)

Für die schräggeschnittene Variante zusätzlichen Stoff für die Ausrichtung von Streifen oder Muster einplanen:
3,4 m (115 cm breit)
--- oder ---
2,3 m (150 cm breit)

50 cm kontrastfarbiger Stoff für den Rüschenbesatz

--- **KURZWAREN** ---
Reißverschluss, 30 cm
passendes Garn
2,75 m Paspel, 3 mm breit
2 Knöpfe, 2 cm Durchmesser
leichte Vlieseinlage: 50 cm (112 cm breit) oder 90 cm (55 cm breit). Für das Oberteil mit verstärktem Brustbereich und/oder im Rücken gekreuzten Trägern zusätzlich 50 cm (112 cm breit)

SCHNITTBILD FÜR DIE EINZELNEN TEILE

1 Oberteil vorn
2 Taillenbund
3 Rockbahn
4 Träger
5 Taillenschleife (optional)

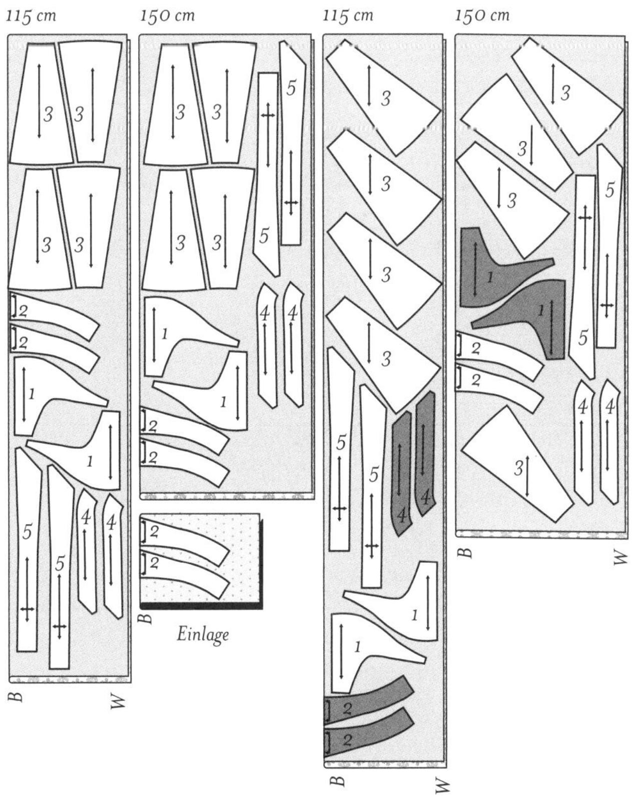

NÄHANLEITUNG

Alle Nahtzugaben betragen 1,6 cm, sofern nicht anders angegeben.

1. Alle Schnittteile nach dem Schnittbild aus dem Stoff zuschneiden. Die Bügeleinlagen für die Teile 2 und, falls gewünscht, 1 und/oder 4 zuschneiden. Bei der schräggeschnittenen Variante darauf achten, dass die Streifen passend aufeinander ausgerichtet sind.

Tipp: Um das Muster bei der schräggeschnittenen Variante korrekt aufeinander auszurichten, auffällige Streifen oder Muster auf dem Schnittmuster an den Nähten markieren, wo sie zusammenlaufen sollen. Den Stoff auf den folgenden Rockteilen nach diesen Markierungen ausrichten. Achten Sie darauf, dass auch der gefaltete Stoff korrekt ausgerichtet ist.

2. Ein Taillenstück mit Vlies verstärken (s. S. 141). Soll der Brustbereich ebenfalls verstärkt sein, Vlieseinlagen auf die Oberteil-Schnittteile bügeln oder Futter auf die rechte und die linke Oberteilhälfte heften. Bei im Rücken gekreuzten Trägern den linken und den rechten Träger verstärken.
3. Für die Variante mit gekreuzten Rückenträgern die Knopflöcher auf der **rechten** Seite der unverstärkten Träger markieren.

RÜSCHENBESATZ (OPTIONAL)

1. 6,4 cm breite Streifen aus demselben oder einem kontrastfarbigen Stoff entlang dem Querfaden von Webkante zu Webkante zuschneiden. Den Stoff **links auf links** aufeinanderlegen und an den freien Schnittkanten je eine Heftnaht setzen (s. S. 138). Stoffstreifen auf die gewünschte Länge für Oberteil, Träger und Taillenbund kräuseln.

Zum Annähen von Paspeln oder Rüschen den Besatz **rechts auf rechts** zwischen Träger, Oberteil und Taillenbund sowie zwischen Bund und Rock legen, dabei die unversäuberten Kanten aufeinander ausrichten, und nach den Anleitungen in den folgenden Abschnitten jeweils nach Schritt 1 feststeppen: »Oberteil«, »Oberteil an den Bund nähen« und »Oberteil an den Rock nähen«.

TRÄGER

1. Die beiden Trägerteile **rechts auf rechts** aufeinanderlegen. Die beiden langen Seiten und eine kurze Seite zusammensteppen, dabei an den Ecken die Nährichtung ändern. Die Nahtzugaben an den Ecken schräg zurückschneiden, auseinanderbügeln und den Träger auf **rechts** wenden. Mit einer Wendehilfe die Ecken vorsichtig herausdrücken. Den Träger bügeln und 6 mm neben den drei vernähten Kanten absteppen (s. S. 143). Beim zweiten Träger ebenso verfahren. *{Abb. 1}*

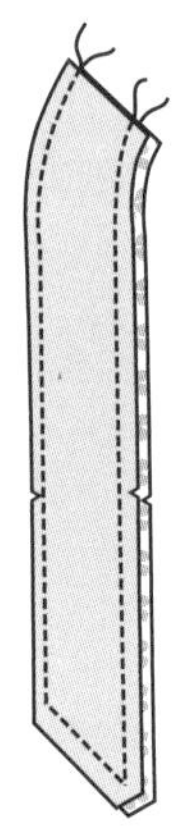

{Abb. 1}

OBERTEIL

1. Die beiden Vorderteile **rechts auf rechts** an der vorderen Ausschnitt-Mittelnaht zusammennähen. Die Nahtzugaben auseinanderbügeln. Die Nahtzugaben auf die Futterseite bügeln und untersteppen (s. S. 143), dabei liegt die **linke** Stoffseite oben; die untersteppte Seite ist nun die Futterseite. Auf der anderen Seite ebenso verfahren, so dass ein linkes und ein rechtes Vorderteil entstehen. *{Abb. 2}*
2. Die Vorderteile **rechts auf rechts** aufeinanderlegen. Die Vorderseite entlang der Armlochkurve an die Futterseite nähen. *{Abb. 3}*

   Falls Paspeln oder Rüschen verwendet werden, diese entlang der Armlochkurve zwischen die **rechts auf rechts** gelegten Stoffteile legen. Nahtzugaben zurückschneiden, einknipsen (s. S. 139) und auseinanderbügeln. Auf der zweiten Seite ebenso verfahren.
3. Die Träger **rechts auf rechts** zwischen den Oberstoff und das Futter des vorderen Oberteils legen, dabei die unversäuberten Kanten aufeinander ausrichten. Die Innenkurve des Trägers zeigt zur vorderen Mittelnaht. Die Schulternaht schließen. Auf der anderen Seite ebenso verfahren. *{Abb. 4}*
4. Das Oberteil wenden und die Schulternähte flach bügeln.
5. Zwischen den Knipsen jeweils eine Heftnaht setzen (s. S. 138). *{Abb. 5}* Den Stoff zwischen den Knipsen kräuseln, bis er auf den verstärkten Bund passt. *{Abb. 6}* Auf der anderen Seite ebenso verfahren.

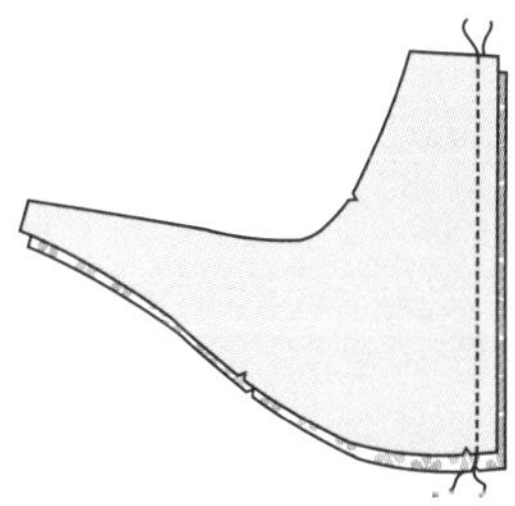

{Abb. 2}

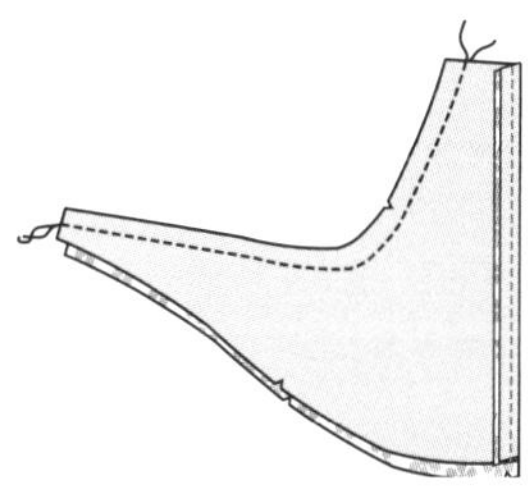

{Abb. 3}

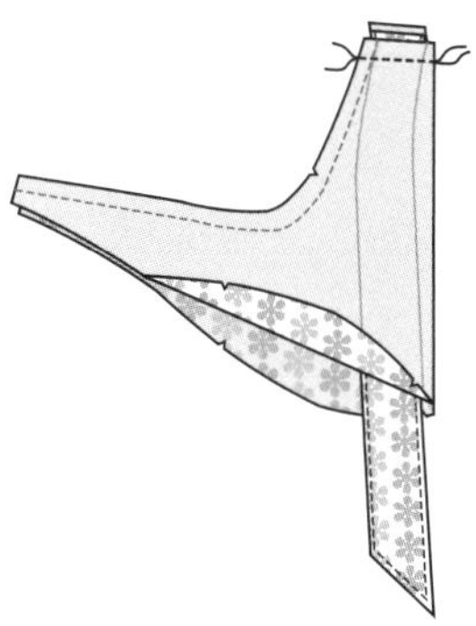

{Abb. 4}

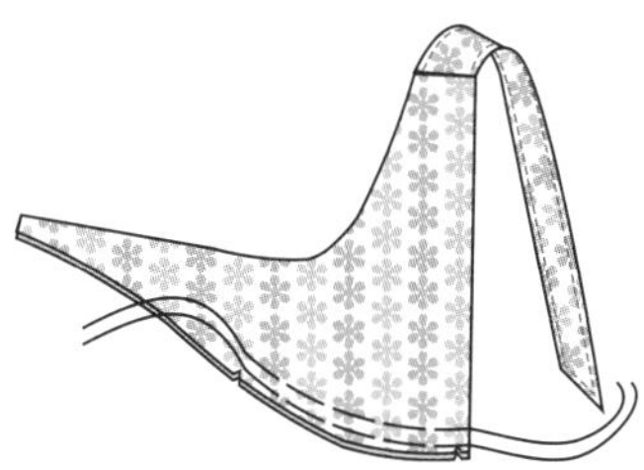

{Abb. 5}

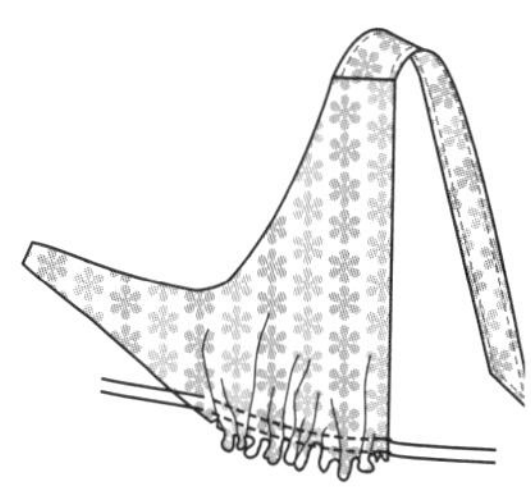

{Abb. 6}

OBERTEIL AN DEN BUND NÄHEN

1. Das Vorderteil des Oberteils **rechts auf rechts** an den verstärkten Taillenbund nähen. Die beiden Vorderteile müssen auf die Knipse an der Oberkante des Bundes ausgerichtet sein.
2. Den Taillenbundbeleg so an das vordere Oberteil und den Bund-Oberstoff steppen, dass die **rechte** Belegseite auf der **linken** Oberteilseite liegt; die Vorderteile liegen zwischen dem verstärkten Bund und dem Bundbeleg. Die Heftstiche am Oberteil entfernen. *{Abb. 7}*

ROCK

1. Zwei Rockbahnen an einer Seitennaht **rechts auf rechts** von der Taille zum Saum zusammennähen. Bei allen acht Bahnen ebenso verfahren, dabei eine Naht als mittlere Rückennaht nicht schließen. Die Nahtzugaben auseinanderbügeln. *{Abb. 8}*

Tipp: Bei den schräggeschnittenen Variationen die Bahnen **rechts auf rechts** sehr sorgfältig so zusammenstecken, dass Streifen/Muster aufeinander ausgerichtet sind. Die Nähte vor dem Nähen zusammenheften (s. S. 138), damit sie korrekt ausgerichtet bleiben.

2. Am oberen Rockrand innerhalb der Nahtzugabe eine Stütznaht (s. S. 142) setzen.

OBERTEIL AN DEN ROCK NÄHEN

1. Den verstärkten Taillenbund **rechts auf rechts** an den Rock nähen. Die Nahtzugaben erst auseinander-, dann auf den Taillenbund bügeln. *{Abb. 9}*

{Abb. 7}

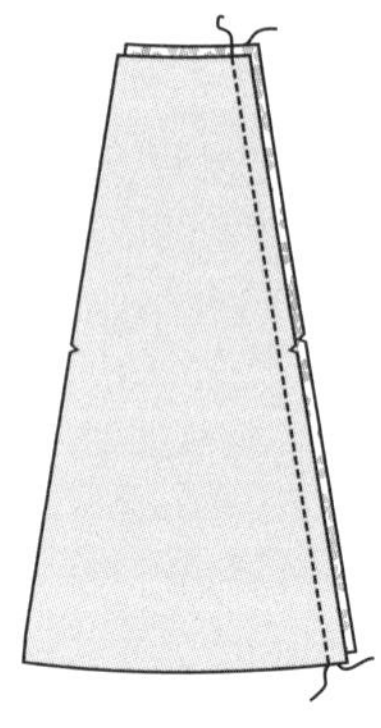

{Abb. 8}

VARIATION MIT TAILLENSCHLEIFE

1. 2 Taillenschleifen **rechts auf rechts** aufeinanderlegen. Die langen und eine kurze Seite schließen, die hintere Mittelnaht offen lassen. Die Nahtzugaben an den Ecken schräg zurückschneiden, auseinanderbügeln und die Taillenschleife auf **rechts** wenden. Mit einer Wendehilfe die Ecken vorsichtig herausdrücken. Die Taillenschleife bügeln und 6 mm neben den 3 vernähten Kanten absteppen.
2. Die hintere Mittelnaht der fertigen Taillenschleife **rechts auf rechts** auf den verstärkten Bund legen, dabei die unversäuberten Kanten aufeinander ausrichten und die Taillenschleife auf dem Bund zentrieren. Festheften, damit die Schleife nicht verrutscht, bis der verdeckte Reißverschluss eingearbeitet ist. Auf der anderen Seite ebenso verfahren. Die Schleifenbänder am Bund nur festheften, damit der Reißverschluss korrekt eingepasst werden kann.

KNOPFLÖCHER FÜR VARIATION MIT IM RÜCKEN GEKREUZTEN TRÄGERN

1. Die Knopflöcher nähen (s. S. 138).
2. Die Knöpfe nach der Anprobe an den passenden Stellen an das Oberteil nähen.

FERTIGSTELLEN

1. 1,6 cm Nahtzugabe auf die **linke** Seite der unversäuberten Kante des Bundbelegs bügeln.
2. Zwischen der Oberkante des verstärkten Bunds und den Knipsen an der hinteren Mittelnaht des Rocks einen verdeckten Reißverschluss einsetzen (s. S. 140).
3. Die unversäuberten Kanten des Bundbelegs auf der **linken** Seite mit einer Steppnaht im Nahtschatten (s. S. 142) oder einer Steppnaht mit der Maschine oder von Hand befestigen. *{Abb. 10}*
4. Die 6 mm Saumzugabe auf die **linke** Seite bügeln, dann noch einmal 6 mm umschlagen, bügeln und absteppen.

{Abb. 9}

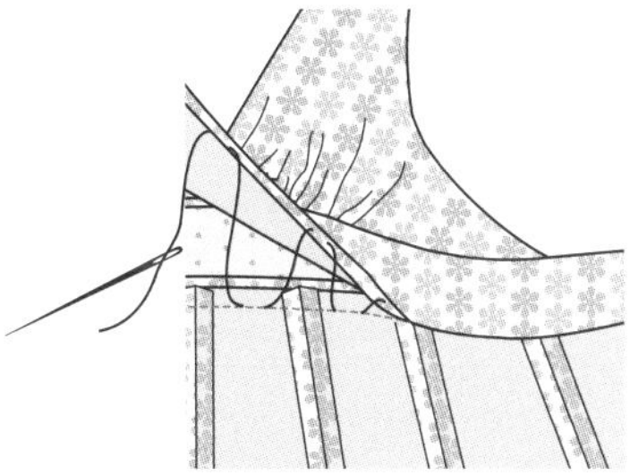

{Abb. 10}

JACQUELINE KENNEDY ONASSIS

JACQUELINE KENNEDY ONASSIS

------ *Schwierigkeitsgrad: einfach* ------

Man kann Jackie O. unmöglich beschreiben, ohne den Begriff »klassisch« zu verwenden. Ihr Stil beeinflusste Modefans im ganzen Land und setzt noch heute Trends (Victoria Beckham, Katie Holmes und Anne Hathaway sind nur einige der Prominenten unserer Zeit, die gern den »Jackie«-Stil verkörpern würden). Als sie 1961 erstmals als First Lady öffentlich in Erscheinung trat, hatte sich ihr Sil schon über Jahre hinweg entwickelt. Ihr Sinn für Mode wurde dabei nachhaltig von dem Umstand beeinflusst, dass sie in einer vornehmen New Yorker Familie aufwuchs. Als sie ins Rampenlicht trat, verpflichtete sie den Designer Oleg Cassini, einen unverkennbaren Stil für sie zu entwerfen, der sie als junges, modernes und elegantes Vorbild für die amerikanischen Frauen von allen früheren First Ladys abheben sollte. Am liebsten trug sie A-Linien- und Etuikleider, einfache Peacoats mit großen Knöpfen, Pillbox-Hüte und weiße Handschuhe und verzichtete auf Accessoires (mit Ausnahme ihrer Markenzeichen: Perlenketten und große Sonnenbrillen). Da sie Designermarken liebte, benannte Gucci sogar passenderweise eine Handtasche und eine Sonnenbrille nach ihr.

Beide Kleider sind mit ihrem A-Linien-Rock und dem breiten Ausschnitt im klassischen Jackie-Stil gehalten. Die Kombination aus Hals- und Taillenabnähern verleiht dem Oberteil eine schöne, körpernahe Form und sorgt für klare, minimalistische Nahtlinien.

Das Originalkleid mit dem Trichterausschnitt, der über den Schultern steht und das Gesicht elegant einrahmt, sieht mehr nach First Lady aus.

Auch die Variation mit dem U-Boot-Ausschnitt versprüht den typischen Jackie-Look – ideal für ein stilvolles Mittagessen in vornehmer Gesellschaft. Praktischer werden beide Versionen mit Seitennahttaschen im Rock. Jeder liebt Kleider mit Taschen!

{vorn} *{Variation}*

{Variation}

STOFFVORSCHLÄGE

leichte Wolle, Stretch-Popeline, Walkstoff, Leinen, Denim, Twill

- - - MASSE - - -
2,3 m (115 cm breit)
- - - oder - - -
1,8 m (150 cm breit)

- - - KURZWAREN - - -
Reißverschluss, 61 cm
passendes Garn

FÜR VARIATION MIT U-BOOT-AUSSCHNITT:
leichte Vlieseinlage: 50 cm (112 cm breit) oder 90 cm (55 cm breit)

FÜR VARIATION MIT TRICHTERAUSSCHNITT:
mittelschwere aufbügelbare Gewebeeinlage: 50 cm (112 cm breit) oder 90 cm (55 cm breit)

SCHNITTBILD FÜR DIE EINZELNEN TEILE

1 Oberteil vorn (Variation)
2 Oberteil hinten (Variation)
3 Beleg Mitte vorn (Variation)
4 Beleg Seite vorn (Variation)
5 Beleg hinten (Variation)
6 Rock vorn
7 Rock hinten
8 Tasche (optional)

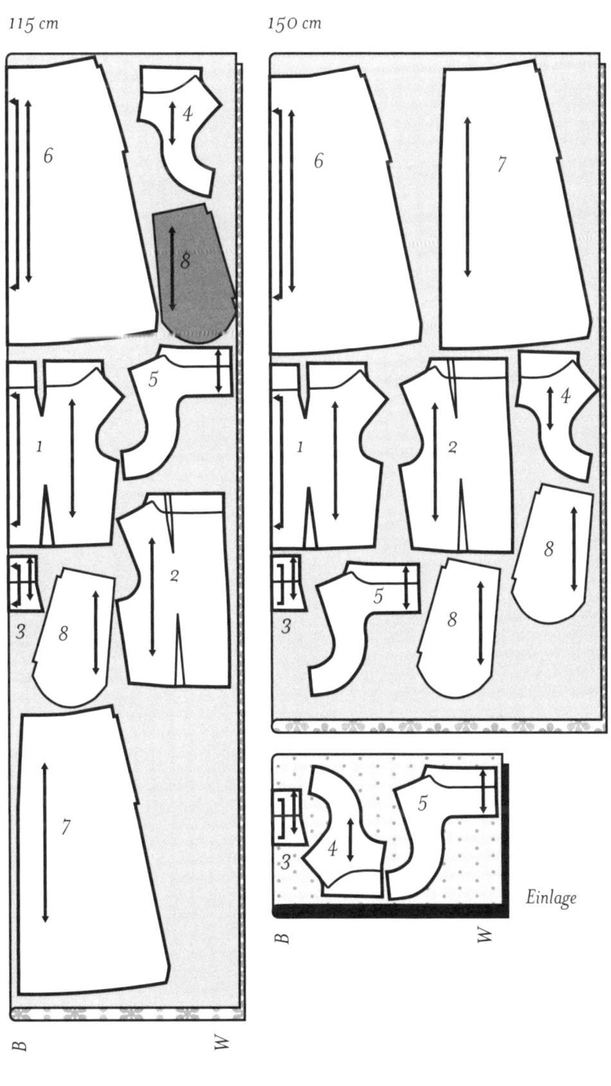

NÄHANLEITUNG

Alle Nahtzugaben betragen 1,6 cm, sofern nicht anders angegeben.

1. Alle Teile nach dem Schnittbild zuschneiden. Die Bügeleinlagen für die Teile 3, 4 und 5 zuschneiden.
2. Alle Belege verstärken (s. S. 141).
3. Abnäher und Punktmarkierungen durchschlagen oder mit Hilfe von Kopierpapier oder einer Ahle markieren (s. S. 144).

OBERTEIL

1. Abnäher an Taille und Ausschnitt am Vorder- und Rückenteil absteppen (s. S. 139). Den Abnäherstoff auf die Seitennähte bügeln.
2. 1 Seitenbeleg vorn **rechts auf rechts** mit dem Mittelbeleg vorn zusammennähen, dabei die Knipse ausrichten. Nahtzugaben auseinanderbügeln. Auf der anderen Seite ebenso verfahren. *{Abb. 1}*
3. Vorderteil **rechts auf rechts** mit 1 Rückenteil an der Schulternaht zusammenähen. Für die Trichterausschnitt-Variation die Kurve der Schulternaht mit kürzerer Stichlänge verstärken, dann bis zur Nahtlinie einknipsen (s. S. 139). Nahtzugaben auseinanderbügeln. Auf der anderen Seite und mit den Belegen vorn und hinten ebenso verfahren. *{Abb. 2}*

BELEGE ANNÄHEN

Tipp: Nahtzugaben mit dem Rollschneider auf einer Schneidematte oder einem sauberen Küchenbrett zurückschneiden.

1. Den Beleg **rechts auf rechts** an Ausschnitt und Armlöchern an das Oberteil nähen, dabei Nähte und Abnäher auf die Knipse ausrichten. Nahtzugaben zurückschneiden, einknipsen (s. S. 139) und auseinanderbügeln. *{Abb. 3}*
2. Oberteil auf **rechts** wenden, dazu die Rückenteile zwischen Ausschnitt- und Armlochnaht durch die Belege zum Vorderteil ziehen. Beleg an Ausschnitt und Armloch auf die **linke** Oberteilseite bügeln.
3. Armlochbelege **rechts auf rechts** hochklappen, Vorder- und Rückenteil sowie vorderen und hinteren Beleg an den Seitennähten ausrichten. Vom Beleg zur Taille nähen, dabei die Armlochnähte aufeinander ausrichten. Nahtzugaben auseinanderbügeln, dann den Armlochbeleg auf die **linke** Seite bügeln. Auf der anderen Seite wiederholen. *{Abb. 4}*
4. Für flache Belege im Nahtschatten von Seiten- und Schulternaht steppen (s. S. 142).

Tipp: Zum einfacheren Bügeln von Armloch- und Schulternähten zwischen Beleg und Oberteil an den Schultern Holzdübel oder Pappröllchen einlegen.

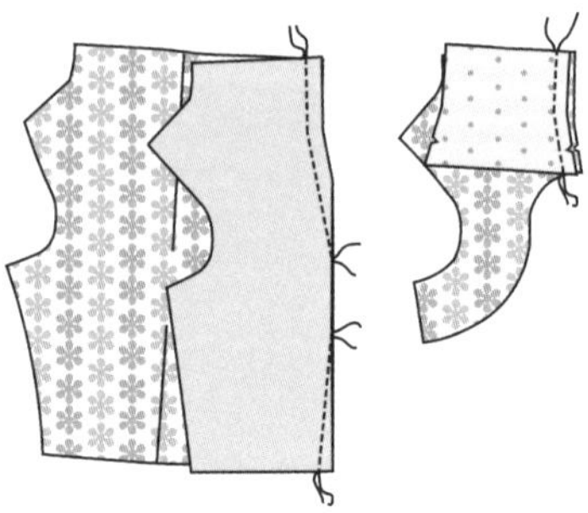

{Abb. 1}

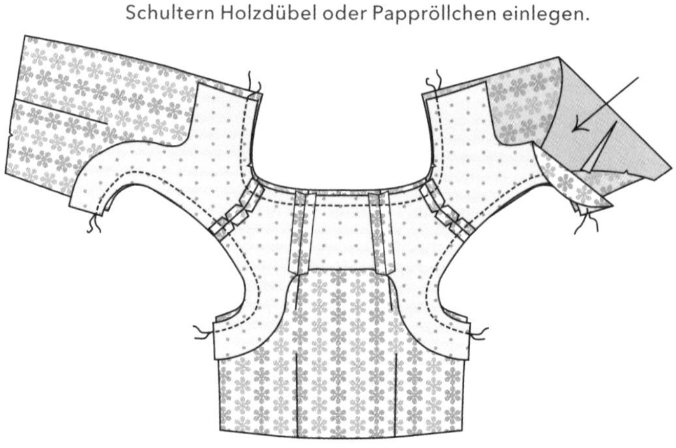

{Abb. 3}

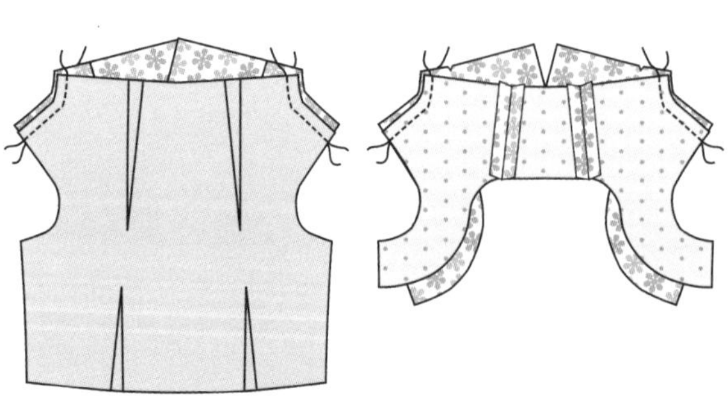

{Abb. 2}

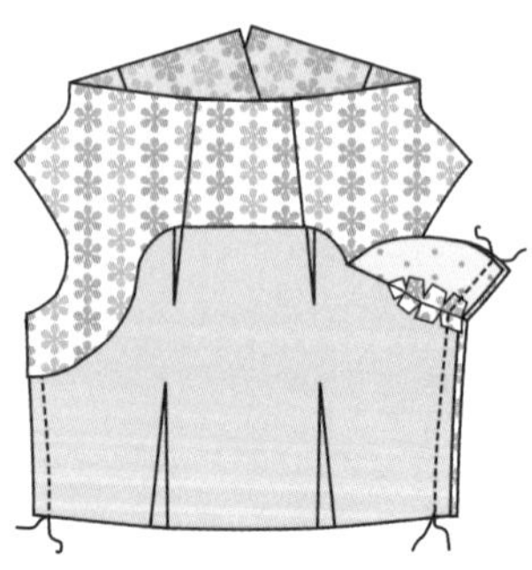

{Abb. 4}

TASCHEN

Sind keine Taschen gewünscht, an der Ausbuchtung an Rockvorder- und -rückenteil 6 mm wegschneiden. Rockvorderteil **rechts auf rechts** an 1 Rockhinterteil nähen. Nahtzugaben auseinanderbügeln. Auf der anderen Seite ebenso verfahren und zum nächsten Abschnitt springen.

1. 1 Taschenteil an der Ausbuchtung der Seitennaht mit 1,6 cm Nahtzugabe an das Rockvorderteil nähen. Die Nahtzugaben erst auseinander-, dann auf die Tasche bügeln und untersteppen (s. S. 143). Auf der anderen Seite ebenso verfahren. *{Abb. 5}*
2. Das Rockvorderteil **rechts auf rechts** auf 1 Rockhinterteil legen, Seitennähte und Punktmarkierungen ausrichten. Von der Taille zur oberen Punktmarkierung nähen. Von der unteren Punktmarkierung bis zum Saum weiternähen. Die Seitennaht auseinanderbügeln. Auf der anderen Seite ebenso verfahren.
3. Die Taschenkurve absteppen. Taschen auf die Rockvorderseite bügeln, die unversäuberten Kanten von Taille und Taschenoberteil ausrichten und zusammenheften (s. S. 138). *{Abb. 6}*

{Abb. 5}

ROCK ANNÄHEN

1. Das Oberteil **rechts auf rechts** an den Rock nähen, dabei die Seitennähte und Knipse aufeinander ausrichten. *{Abb. 7}*

FERTIGSTELLEN

1. Zwischen Ausschnitt und Doppelknipsen an der hinteren Rockmittelnaht einen verdeckten Reißverschluss einsetzen (s. S. 140).
2. 6 mm Saumzugabe auf die **linke** Seite bügeln, dann weitere 3 cm nach oben bügeln und feststeppen (s. S. 143) oder von Hand annähen.

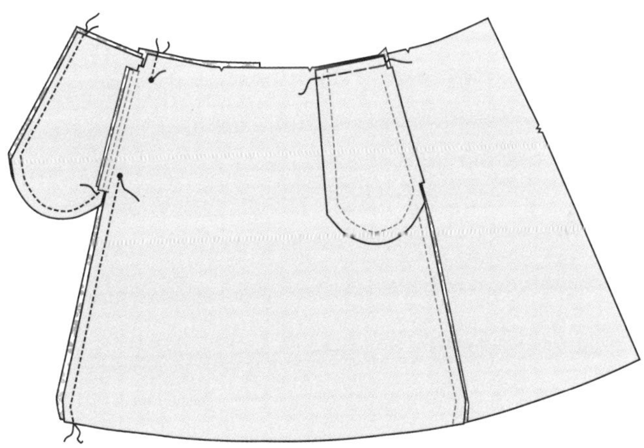

{Abb. 6}

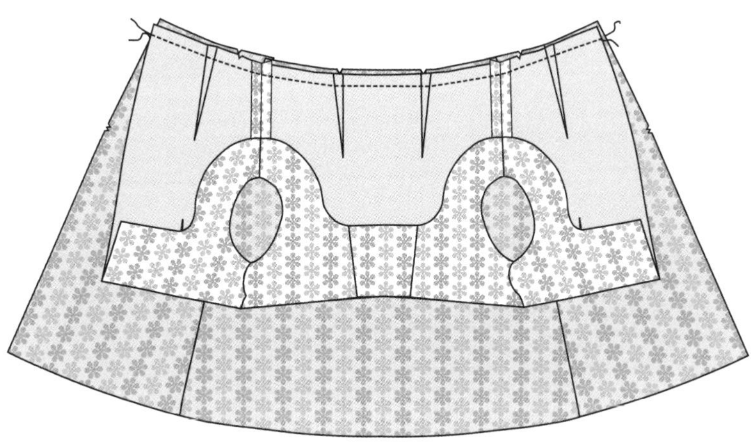

{Abb. 7}

AUDREY HEPBURN

AUDREY HEPBURN

------ *Schwierigkeitsgrad: einfach* ------

Mit ihrer jungen, frischen Erscheinung und dem zarten Körperbau hätte Audrey Hepburn in der Masse der kurvenreichen Hollywood-Blondinen der 1950er Jahre einfach untergehen können. Stattdessen nutzte sie ihre Einzigartigkeit zu ihrem Vorteil und schuf einen legendären Stil, der heute noch gern imitiert wird. Sie trug elegante, klare Linien, die ihre schlanke Statur unterstrichen, und setzte wie Jackie O. auf einfache und dezente Mode. Mit ihrem zarten Auftreten und dem spielerisch leichten Stil verkörperte sie eine Art zeitlosen amerikanischen Glamour, der sich unter anderem in den Caprihosen, Ballerinas und Button-Down-Hemden zeigte, die sie abseits der Leinwand trug. Doch sie hatte auch keine Scheu vor großen Auftritten: Das hier abgebildete Kleid, ein Abendkleid aus schwarzer italienischer Seide von Givenchy, das sie in *Frühstück bei Tiffany's* trug, führte nicht nur das kleine Schwarze als Standardkleidungsstück in jeden Kleiderschrank ein, sondern war auch so begehrt, dass es 2009 bei Christie's für fast 1 Million Dollar versteigert wurde.

Beide Audrey-Kleider haben einen U-Boot-Ausschnitt mit Wasserfallkragen. Der oben geraffte Bleistiftrock sorgt für eine schlanke Taille und betont die Hüftkurve.

Das Originalkleid ist als kleines Schwarzes gedacht, aber wenn Ihnen Schwarz nicht zusagt, hätte Audrey sicher Verständnis dafür. Das vordere Oberteil ist schräg geschnitten, damit der Wasserfallkragen schön fällt. Die Abnäher im hinteren Oberteil sorgen für eine gute Passform. Zum Star des Abends à la Holly Golightly werden Sie, wenn Sie den Saum mit Federn besetzen.

Die eher legere Variation ist aus Trikotstoff am geraden Fadenlauf zugeschnitten. Auch diese Version wirkt in Schwarz sehr hübsch, aber wir wissen, wie schwer man all den herrlichen Farben und Mustern der modernen Trikotstoffe widerstehen kann. Tragen Sie einen schmalen Gürtel und Ballerinas dazu, und wir nennen Sie trotzdem Audrey.

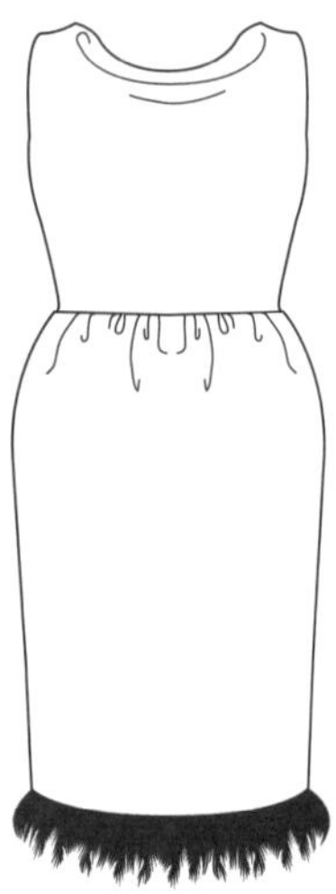

{vorn}

{hinten}

{Variation vorn}

{Variation hinten}

TIFFANY & CO

{Variation}

STOFFVORSCHLÄGE

Satin, leichter Wollstoff, Wollkrepp, Brokat, Damast
Nicht geeignet für Stoffe mit Musterrichtung oder Streifen und für nicht diagonalelastische Stoffe.

--- MASSE ---
2,6 m (115 cm breit)
--- oder ---
2,2 m (150 cm breit)

--- TRIKOTSTOFF-VARIATION ---
Geeignet für die meisten mittelschweren bi-elastischen Trikotstoffe
2,2 m (150 cm breit)

--- KURZWAREN ---
verdeckter Reißverschluss, 61 cm (bei der Trikotstoff-Variation nicht erforderlich)
passendes Garn;
1,2 m Feder- oder Perlenbesatz, Fransen o. Ä.
leichte Vlieseinlage: 50 cm (115 cm breit)

SCHNITTBILD FÜR DIE EINZELNEN TEILE

1 Oberteil vorn (Variation)
2 Oberteil hinten (Variation)
3 Beleg Oberteil hinten
4 Rock vorn
5 Rock hinten

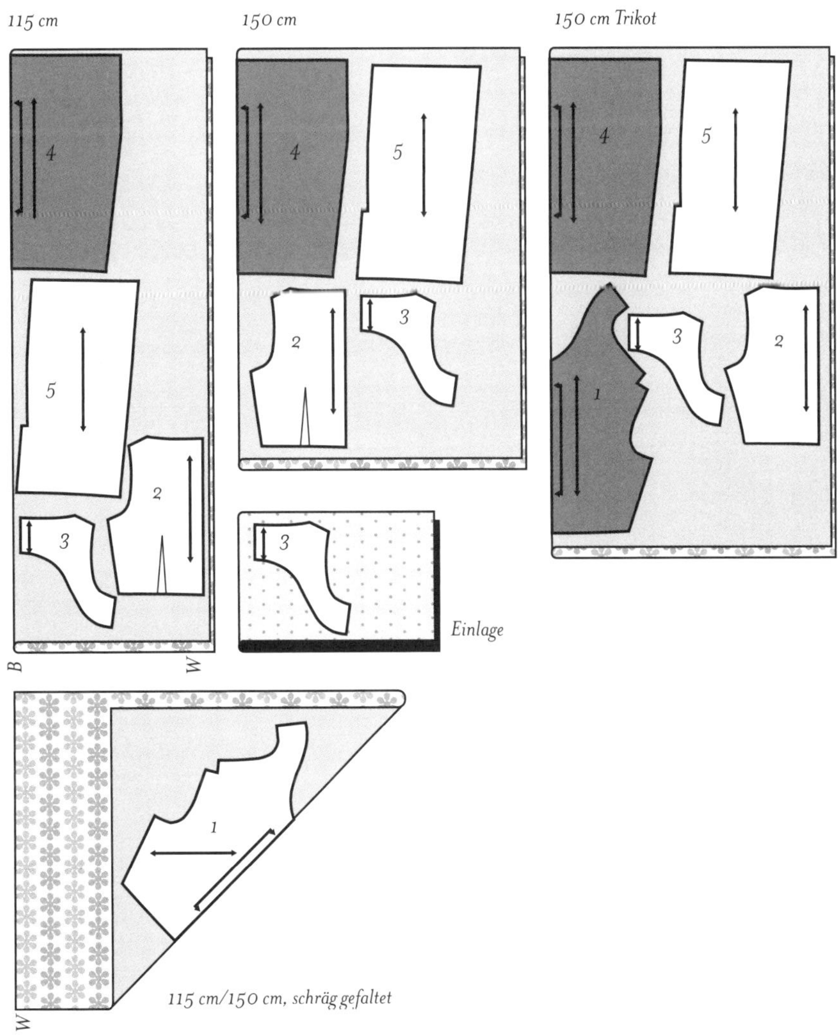

NÄHANLEITUNG

Alle Nahtzugaben betragen 1,6 cm, sofern nicht anders angegeben.

1. Alle Schnittteile nach dem Schnittbild aus dem Stoff zuscheiden. Bei der Trikotstoff-Variante die Markierungen am Vorder- und Rückenteil des Oberteils beachten. Den Beleg für Schnittteil 3 zuschneiden. Für die Version mit Saumbesatz am Vorder- und Hinterteil des Rocks den Saum um je 1,6 cm zurückschneiden. Am Saum der Schnittteile befinden sich nun keine Knipse mehr.
2. Den hinteren Beleg mit der Einlage verstärken (s. S. 141).
3. Die Abnäher und Punktmarkierungen auf den Rückenteilen von Oberteil und Rock durchschlagen oder mit Hilfe von Kopierpapier oder einer Ahle markieren (s. S. 144).
   Bei der Trikotstoff-Variation keine Markierungen und Abnäher setzen.

OBERTEIL

Trikotstoff-Variante: Schritte 1 und 3 überspringen.

1. Die Abnäher am hinteren Oberteil setzen (s. S. 139) und auf die Rückenmittelnaht bügeln. *{Abb. 1}*
2. Den hinteren Beleg an Armloch und Ausschnitt **rechts auf rechts** an das hintere Oberteil nähen, die Schulternaht offen lassen. Die Nahtzugaben zurückschneiden, einknipsen (s. S. 139) und auseinanderbügeln. Auf **rechts** wenden und den Beleg auf die **linke** Oberteilseite bügeln. Auf der anderen Seite ebenso verfahren. *{Abb. 2}*

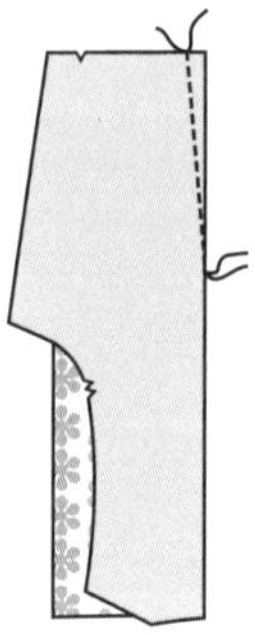

{Abb. 1}

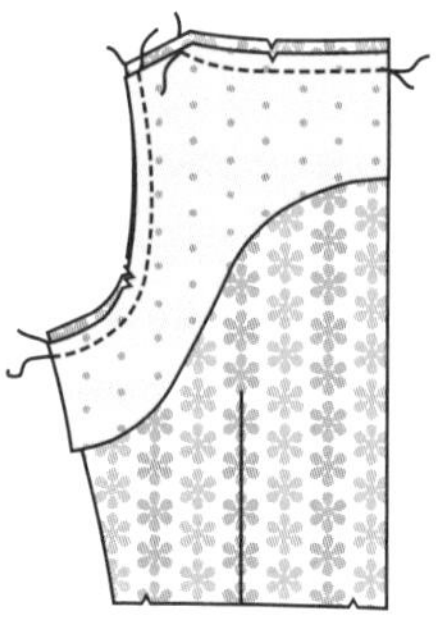

{Abb. 2}

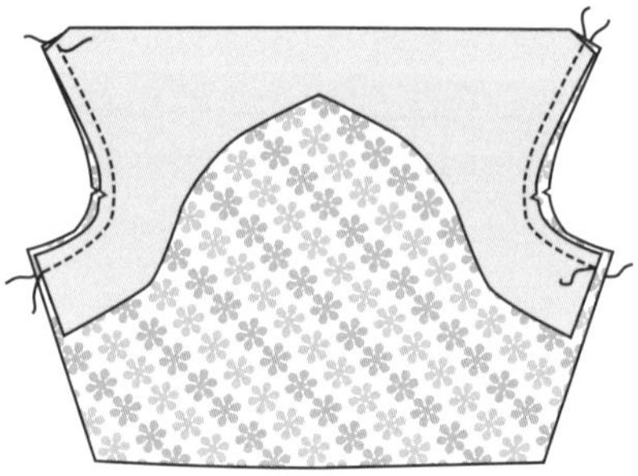

{Abb. 3}

3. Alle Kanten des vorderen Oberteils mit einer Stütznaht versehen (s. S. 142).
4. Das vordere Oberteil **rechts auf rechts** an der Bruchkante umschlagen, dabei die Armloch-Knipse aufeinander ausrichten. Alle Stoffschichten an den Armlöchern zusammensteppen, dann die Nahtzugaben zurückschneiden, einknipsen und auseinanderbügeln. Die Falte an der freien Schnittkante zur Stütznaht an der Schulter hin einschneiden. Auf der anderen Seite ebenso verfahren. *{Abb. 3}*
5. Oberes Rücken- und Vorderteil **rechts auf rechts** legen. Das Rückenteil in das gefaltete Vorderteil schieben. Die Schulternähte ausrichten und schließen, dabei durch Vorder- und Rückenteil und beide Belege nähen. Auf **rechts** wenden. Die Schulternaht flach bügeln, dann den vorderen Beleg auf die **linke** Seite des Oberteils bügeln. Auf der anderen Seite ebenso verfahren. *{Abb. 4}*
6. Die Armlochbelege **rechts auf rechts** nach oben umklappen, dabei Vorderteil und Rückenteil sowie den vorderen und den hinteren Beleg an den Seitennähten aufeinander ausrichten. Vom Beleg zur Taille zusammensteppen, dabei die Armlochnähte aufeinander ausrichten. Die Nahtzugaben auseinanderbügeln, dann den Beleg am Armloch auf die **linke** Seite des Oberteils bügeln. Auf der anderen Seite ebenso verfahren. *{Abb. 5}*
7. Im Nahtschatten der Seitennähte eine Steppnaht setzen (s. S. 142), damit die Belege flach liegen.

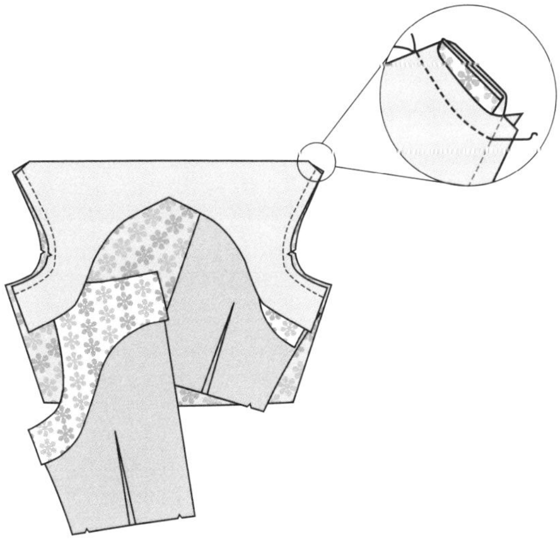

{Abb. 4}

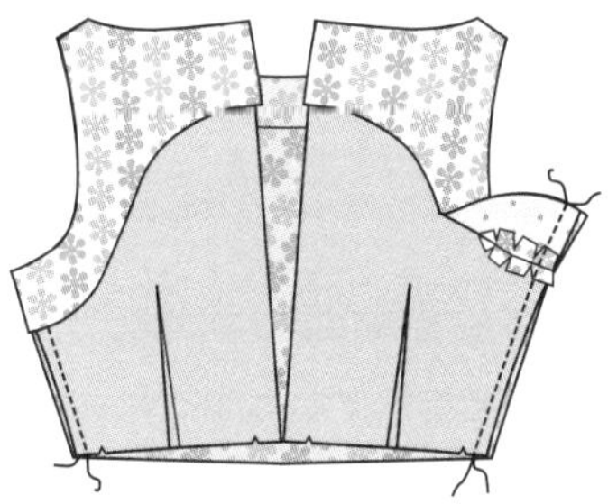

{Abb. 5}

ROCK

1. Das Rockvorderteil **rechts auf rechts** an der Seitennaht mit 1 Rockhinterteil zusammennähen, dabei die Knipse aufeinander ausrichten. Die Nahtzugaben auseinanderbügeln. Auf der anderen Seite ebenso verfahren. *{Abb. 6}*
2. An der Taille von Rockvorderteil und Rockhinterteilen zwischen den Knipsen je 2 Heftnähte setzen (s. S. 138). Die Rocktaille so raffen (s. S. 140), dass Seitennähte und Knipse mit dem Oberteil bündig ausgerichtet sind. Darauf achten, dass die Kräuselfalten gleichmäßig verteilt sind. *{Abb. 7, 8}*
3. Das Oberteil **rechts auf rechts** an den gerafften Rock nähen, dabei die Seitennähte offen lassen. Die Heftnähte entfernen. *{Abb. 9}*

Tipp: Mit der **linken** Seite des Oberteils nach oben nähen, damit die Kräuselfalten am Transporteur liegen.

FERTIGSTELLEN

Trikotstoff-Variante: Schritte 1 und 2 überspringen.

Stattdessen das Kleid **rechts auf rechts** legen, die hinteren Belege nach oben umklappen, Nahtlinien von Belegen und Taille bündig ausrichten und vom Beleg zur Punktmarkierung für den Schlitz an der Rückenmittelnaht zusammensteppen. Die Nahtzugaben auseinanderbügeln, dann den Beleg auf die **linke** Oberteilseite bügeln und im Nahtschatten feststeppen. Mit Schritt 3 fortfahren.

1. Zwischen Halsausschnitt und doppelten Knipsen an der Rückenmittelnaht des Rocks einen verdeckten Reißverschluss einsetzen (s. S. 140).
2. Von den unteren Schlitzkanten 2,5 cm im 45-Grad-Winkel wegschneiden, um die Stoffmenge im Saum von Schlitz und Rock zu reduzieren.
3. 6 mm Nahtzugabe am Schlitz auf die **linke** Seite bügeln, dann noch einmal 2,5 cm umklappen und bügeln.

Variante mit Saumbesatz: Zum nächsten Abschnitt springen.

4. 6 mm Saumzugabe auf die **linke** Seite bügeln, dann weitere 2,5 cm umklappen und bügeln.
5 Die Säume von Rock und Schlitz nach Belieben versäubern (s. S. 140).

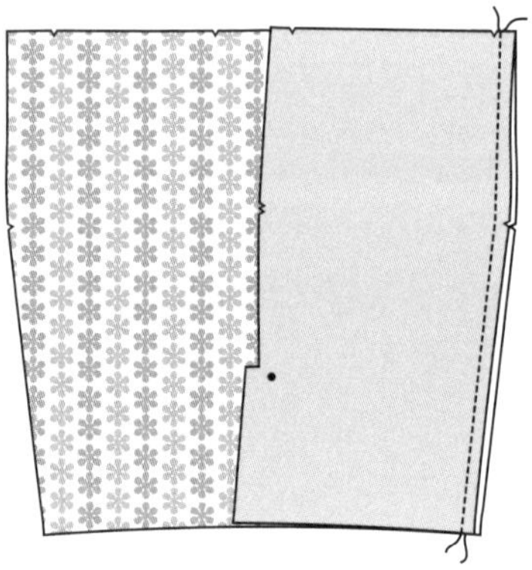

{Abb. 6}

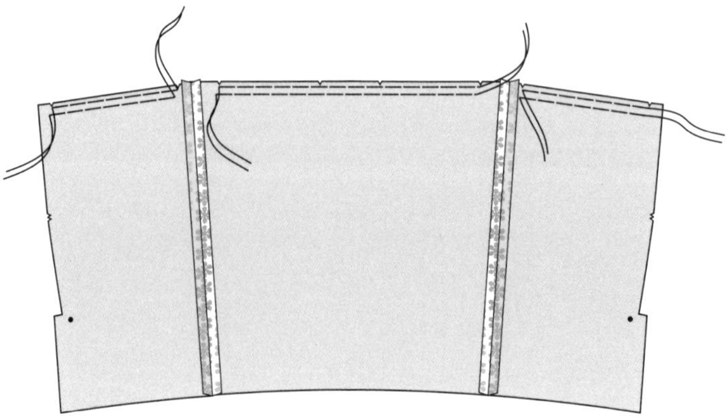

{Abb. 7}

VARIANTE MIT SAUMBESATZ

1. Den Besatz mit 1,6 cm Nahtzugabe auf den Rocksaum nähen. Mit Hilfe eines Bügeltuchs nur den Rocksaum auf die **linke** Seite bügeln, dabei darauf achten, den Besatz nicht zu versengen. Von Hand ein Saumband so aufnähen, dass es die Nahtzugaben von Saum und Besatz verdeckt.

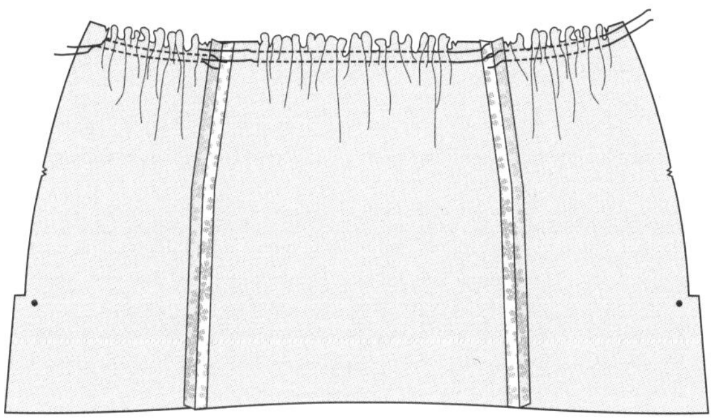

{Abb. 8}

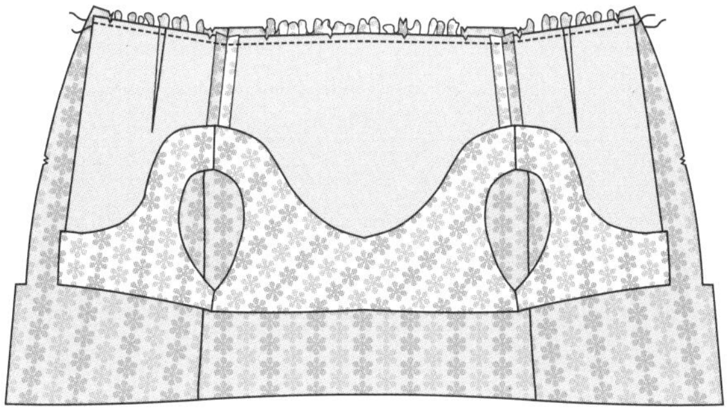

{Abb. 9}

TWIGGY

TWIGGY

------ *Schwierigkeitsgrad: mittel* ------

Als Twiggy mit 17 als schlaksiger Teenager die große Modebühne betrat, schien es eher unwahrscheinlich, dass sie das Erbe von Marilyn Monroe antreten würde, die noch wenige Jahre zuvor als der Inbegriff von Stil und Schönheit galt. Und doch hatte Twiggy bereits kurz nach dem Tod der Monroe die Welt im Sturm erobert, wurde vom *Daily Express* zum »Gesicht '66« gekürt und revolutionierte mit ihrem jugendlichen Mod-Stil das Modeideal. Während in London die Swinging Sixties ihren Höhepunkt erreichten, machte Twiggy den Mod-Look salonfähig, eine Kombination aus geometrischen Mustern und Nahtlinien, hohen Kragen und noch höheren Säumen, koketten Knöpfen und Schleifen und Babydoll-Kleidchen, all das an einem gertenschlanken Körper und gekrönt von einer androgynen Pixie-Frisur und ellenlangen falschen Wimpern. Amerika, zu dieser Zeit noch ganz im Bann der Invasion britischer Rockmusik, empfing Twiggy mit offenen Armen. Wie keine andere verkörperte sie die Jugend, den Ehrgeiz und das Selbstverständnis ihrer Zeit. Twiggy hielt genau das richtige Gleichgewicht zwischen unschuldigem Vergnügen und eindrucksvoller Dramatik - schon allein ihr Blick wirkte doppelbödig kokett und unverdorben zugleich. Diese Zweideutigkeit unterstrich sie noch durch ihre Weigerung, in offenherzigen Kleidern aufzutreten. Vielleicht war es diese Bescheidenheit, die sie dazu brachte, ihre Modelkarriere nach nur vier Jahren aufzugeben. Dennoch gilt sie heute noch als das erste Supermodel und als Vorreiterin für modische Dauerbrenner wie den Minirock.

Es versteht sich von selbst, dass ein Twiggy-Kleid kurz sein muss. Beide Varianten zeigen eine Babydoll-Silhouette mit übergroßer Knopfleiste (unserer Meinung nach einfach zum Anbeißen!). Die Nähte an der Brust und der Ringerrücken lassen das Kleid in der Brustpartie besser anliegen.

Das Originalkleid ist so kurz, wie Twiggy persönlich es wohl getragen hätte. Noch mehr Geometrie bringen die großen kontrastfarbigen Knöpfe im Mod-Stil und die witzigen kreisrunden Taschen ins Spiel. Mehr nach »Swinging London« sieht die etwas längere Farbblock-Variante aus.

Beide Varianten können in beiden Längen und mit oder ohne Taschen genäht werden. Sie sehen beide toll zu Strümpfen, Leggins und auch zu hautengen Jeans aus – aber verraten Sie Twiggy nicht, dass Sie das von uns haben!

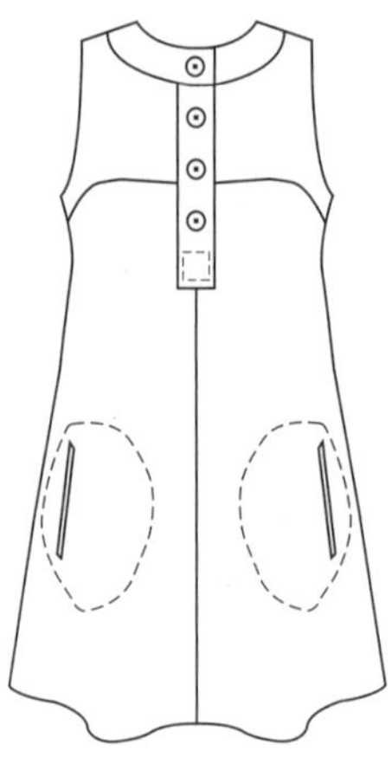

{vorn}

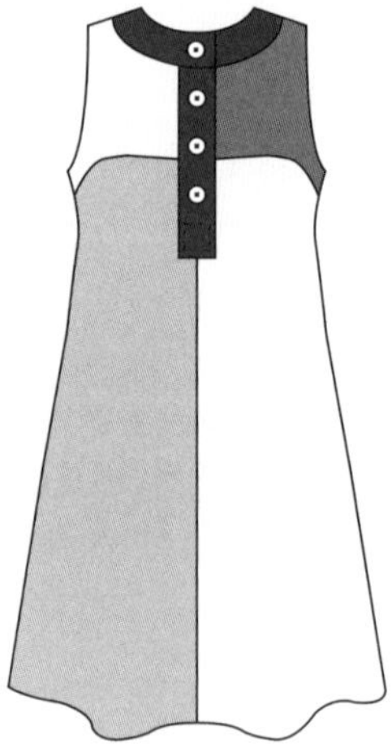

{Variation}

UNDERGROUND
TELEPHO

{Variation}

STOFFVORSCHLÄGE

leichter Leinenstoff, Walkstoff, Baumwollbatist, Crêpe, Doppelstrick

--- MASSE FÜR FARBBLOCK-VARIANTE ---
2,75 m (115 cm breit)
2 m (150 cm breit)
für Grundfarbe 1: 1,4 m (115 cm oder 150 cm breit)
für Rock, Kontrastfarbe 2: 1 m (115 cm oder 150 cm breit)
für Oberteil, Kontrastfarbe 3: 46 cm (115 cm oder 150 cm breit)
für Leiste/Ausschnittbesatz, Konstrastfarbe 4: 46 cm (115 cm oder 150 cm breit)

--- KURZWAREN ---
4 Knöpfe, 2,5 cm Durchmesser
passendes Garn
Perlgarn oder Stickgarn in Kontrastfarbe (für Variation)
leichte Vlieseinlage: 80 cm (112 cm breit) oder 1,6 m (55 cm breit)

SCHNITTBILD FÜR DIE EINZELNEN TEILE

1 Oberteil vorn
2 Oberteil hinten
3 Rock vorn
4 Rock hinten
5 Leiste
6 Armlochbeleg vorn
7 Armlochbeleg hinten
8 Ausschnittbesatz
9 Tasche (optional)
10 Tascheneinlage (optional)

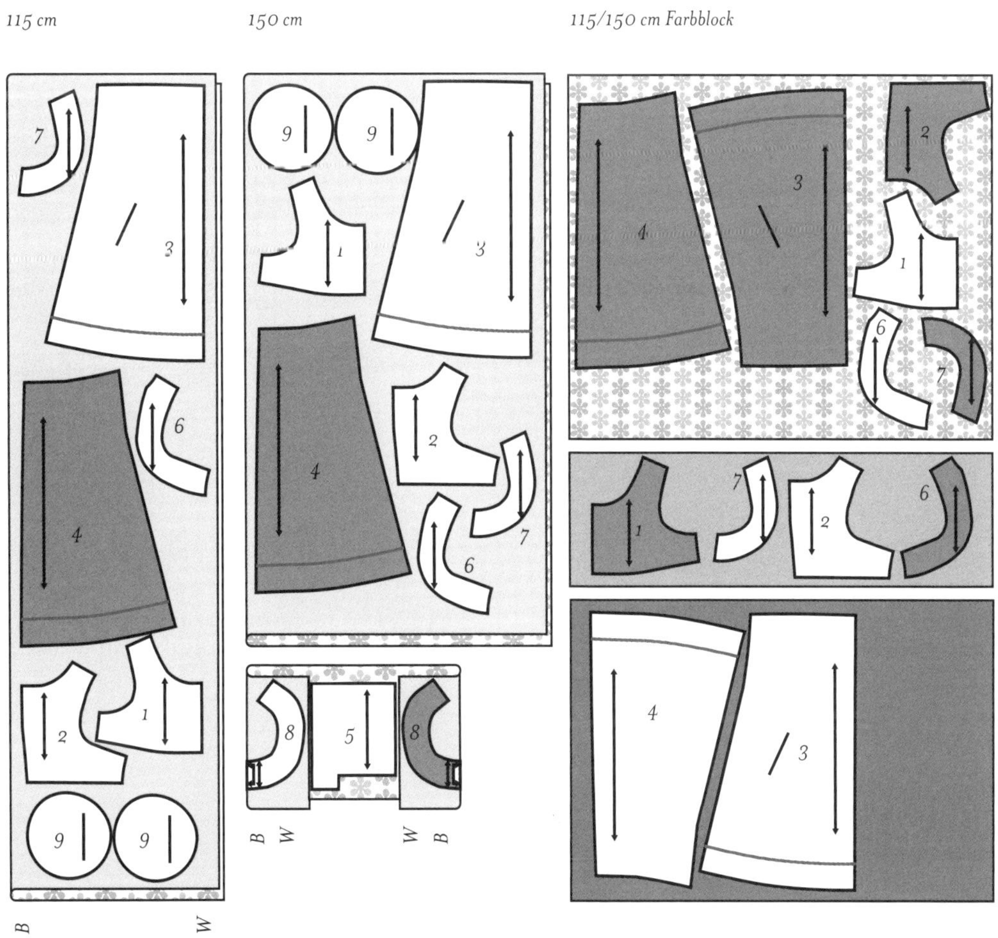

NÄHANLEITUNG

Alle Nahtzugaben betragen 1,6 cm, sofern nicht anders angegeben.

1. Alle Schnittteile nach dem Schnittbild aus dem Stoff zuschneiden. Bügeleinlagen für die Teile 5, 6, 7, 8 und, falls Taschen eingenäht werden sollen, 10 zuschneiden.
2. Die Knopfleiste, einen Ausschnittbesatz, zwei vordere Armlochbelege (einen rechten und einen linken) und zwei hintere Armlochbelege (einen rechten und einen linken) mit Vlies verstärken (s. S. 141). Für die Variante mit Kreistaschen das Rockvorderteil auf der **linken** Seite gemäß den Anweisungen für die Taschenpositionierung mit Vlies verstärken.
3. Alle Nahtlinien, Bruchkanten, Punktmarkierungen, Knöpfe und Knopflöcher durchschlagen oder mit Hilfe von Kopierpapier oder einer Ahle markieren (s. S. 144).

OBERTEIL AN ROCK NÄHEN

1. Vorderteile von Oberteil und Rock **rechts auf rechts** zusammensteppen, dabei die Knipse ausrichten. Nahtzugaben auseinanderbügeln. Auf der anderen Seite wiederholen, es entsteht ein rechtes und ein linkes Vorderteil. Für die Farbblock-Variante das Oberteil in Grundfarbe an den Rock in Kontrastfarbe nähen. Auf der anderen Seite das Oberteil in Kontrastfarbe an den Rock in Grundfarbe nähen. *{Abb. 1}*
2. Die Rückenteile von Oberteil und Rock **rechts auf rechts** zusammensteppen, dabei die Knipse ausrichten. Nahtzugaben auseinanderbügeln. Auf der anderen Seite wiederholen, es entstehen ein rechtes und ein linkes Rückenteil. Für die Farbblock-Variante das Oberteil in Grundfarbe an den Rock in Kontrastfarbe nähen. Auf der anderen Seite das Oberteil in Kontrastfarbe an den Rock in Grundfarbe nähen. *{Abb. 2}*
3. Vordere Mittelnaht des Oberteils **rechts auf rechts** schließen, dabei die Nähte bündig ausrichten; die Oberteilnähte bleiben offen. Die vordere Mittelnaht auseinanderbügeln. *{Abb. 3}*
4. Hintere Mittelnaht des Oberteils **rechts auf rechts** schließen, dabei Knipse und Nähte aufeinander ausrichten; die Oberteilnähte bleiben offen. Nahtzugaben auseinanderbügeln.

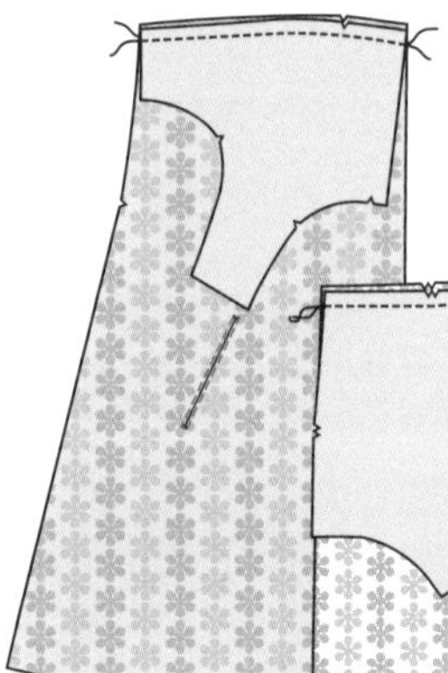

{Abb. 1}

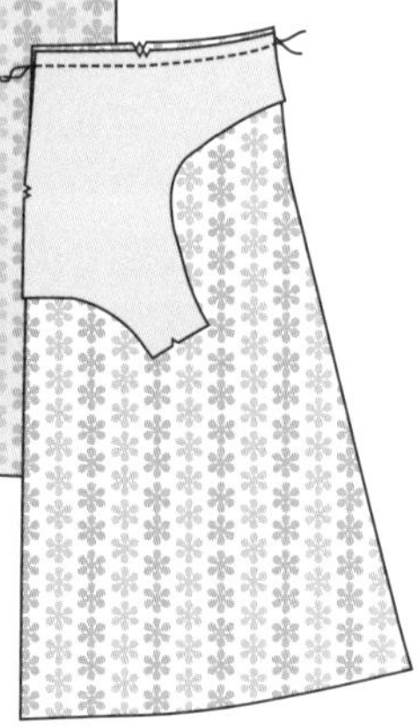

{Abb. 2}

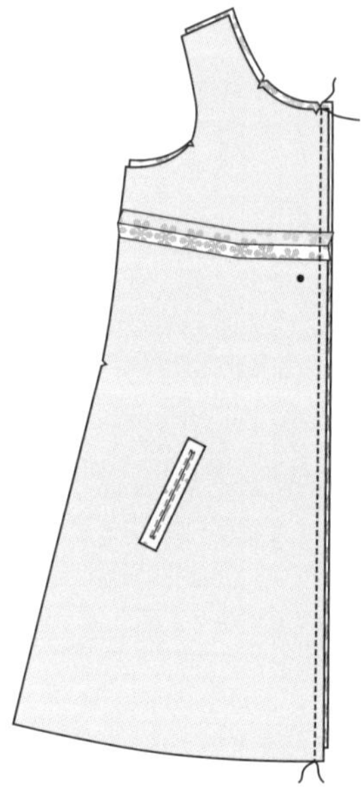

{Abb. 3}

KNOPFLEISTE

1. Die Leiste so auf das Vorderteil legen, dass beide **linke** Seiten nach oben zeigen und die Punktmarkierungen aufeinander ausgerichtet sind.
2. An der markierten Nahtlinie zusammensteppen. Die Ecken der Nahtlinie durch eine kürzere Stichlänge verstärken. *{Abb. 4}*
3. Beide Stoffschichten entlang der markierten Schnittlinie aufschneiden, dabei darauf achten, nicht über die Naht hinaus zu schneiden. *{Abb. 5}*
4. Die Knopfseite der Leiste auf die **rechte** Seite des Vorderteils umschlagen. *{Abb. 6}* Beide Seiten der Knopfleiste knappkantig aufsteppen (s. S. 139, »Kantenstich«), dabei die freien Schnittkanten unterfalten und beim Steppen (s. S. 143) mit einschließen. *{Abb. 7}*
5. Die Knopflochseite der Leiste auf die **rechte** Seite des Vorderteils umschlagen. Die untere Nahtzugabe der Knopfseite wird dabei auf die **rechte** Vorderteilseite geschoben. *{Abb. 8}*
6. Beide Seiten der Knopflochleiste knappkantig aufsteppen, dabei nicht über die Knopfleiste nähen. *{Abb. 9}* Die Knopflochleiste bündig auf die Knopfleiste legen. Die Nahtzugaben unterbügeln und nach Bedarf zurückschneiden. Die Unterkante der Knopflochleiste auf 4 Seiten absteppen, dabei durch die Kleidvorderseite und die Nahtzugaben der Knopfleiste nähen und alle freien Schnittkanten einschließen. *{Abb. 10}*

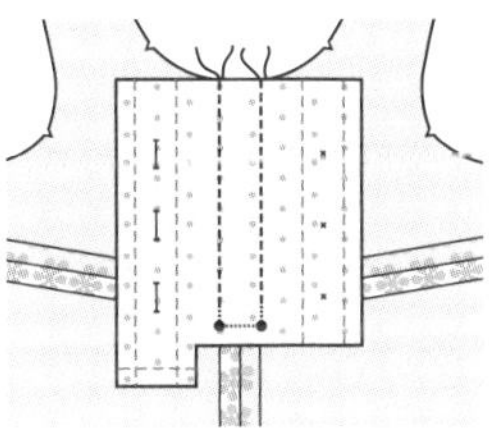

{Abb. 4}

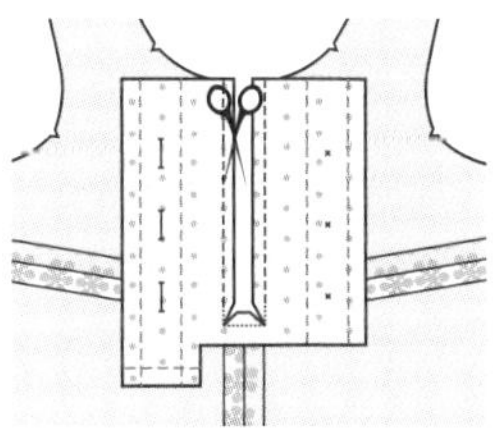

{Abb. 5}

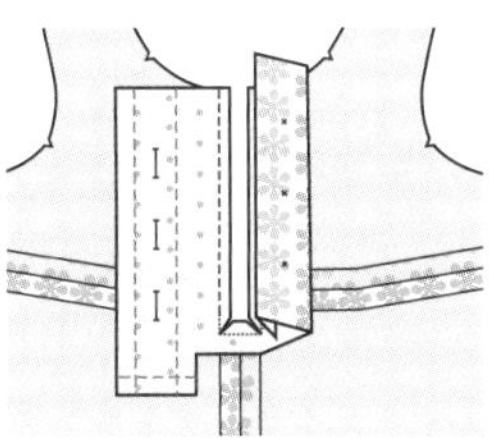

{Abb. 6}

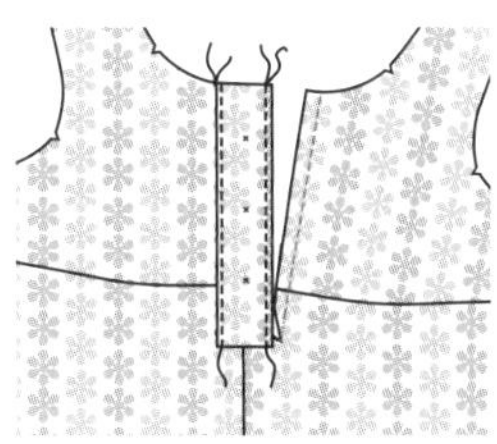

{Abb. 7}

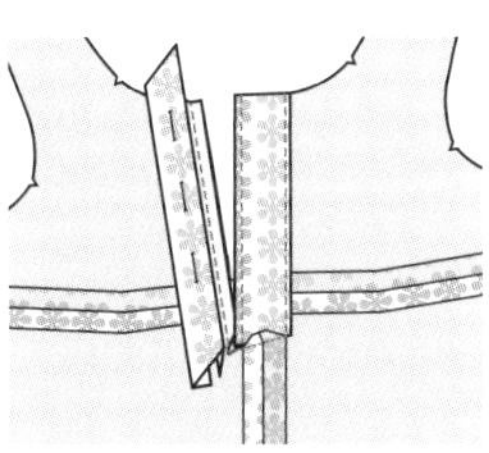

{Abb. 8}

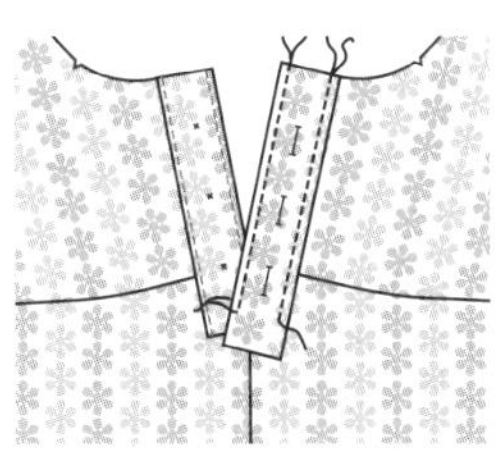

{Abb. 9}

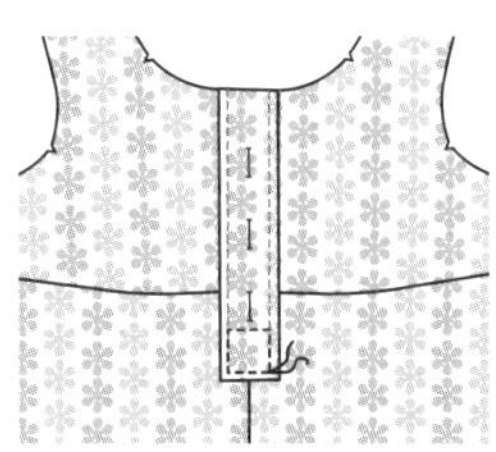

{Abb. 10}

VARIANTE MIT TASCHEN

Tipp: Wenn Sie die Taschen dekorativ mit einem Vorstichmuster aus Perlgarn oder Stickgarn versehen möchten, orientieren Sie sich an den Maschinennähten, um von Hand gleichmäßige Stiche um die Tasche und ihre Öffnung zu arbeiten.

1. Ein Taschenteil **rechts auf rechts** auf das Vorderteil legen, dabei die markieren Nahtlinien aufeinander ausrichten. Die Teile mit kurzer Stichlänge an den Markierungen zusammennähen. *{Abb. 11}*
2. Entlang der markierten Schnittlinien bis zur Naht aufschneiden. Beide Taschenseiten zur Öffnung bügeln. *{Abb. 12}*
3. Die Tasche durch die Öffnung auf die **linke** Seite des Vorderteils schieben. Die Taschenöffnung so bügeln, dass die Nähte entlang der Bruchkante liegen. Mit 6 mm Abstand um die Öffnung herum absteppen. *{Abb. 13}*
4. Ein zweites Taschenstück auf der **linken** Seite des Vorderteils **rechts auf rechts** auf das erste Taschenstück legen. Die Taschenkante von **links** durch alle Stoffschichten absteppen. *{Abb. 14}*

Schritt 1 bis 4 für die zweite Tasche wiederholen.

Tipp: Stecken Sie mit vielen Nadeln ab und markieren Sie mit Schneiderkreide eine kreisrunde Nahtlinie. So erhalten Sie einen schön genähten Kreis auf der Vorderseite des Kleids.

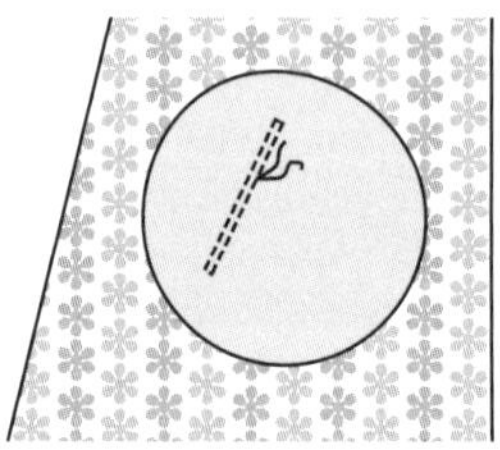

{Abb. 11}

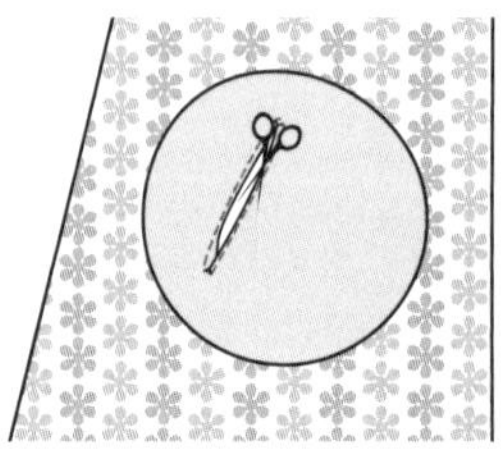

{Abb. 12}

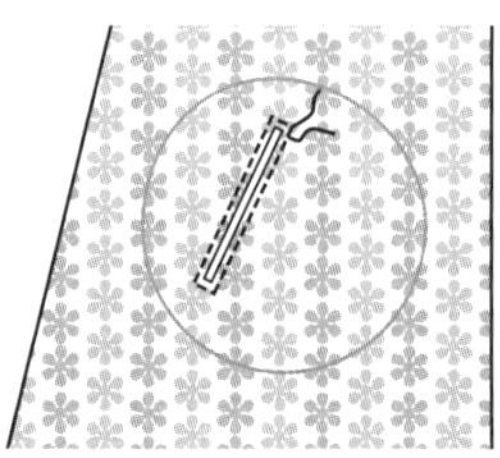

{Abb. 13}

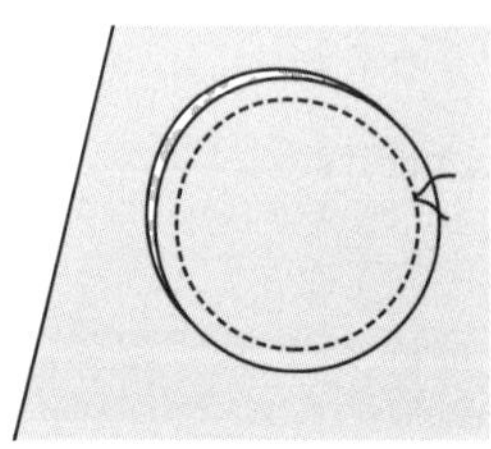

{Abb. 14}

ARMLOCHBELEGE

1. Das Vorderteil **rechts auf rechts** nur an der Schulternaht an das Rückenteil nähen. Die Nahtzugaben auseinanderbügeln. Auf der anderen Seite ebenso verfahren.
2. Den vorderen Armlochbeleg an der Schulternaht an den hinteren Armlochbeleg nähen. Die Nahtzugaben auseinanderbügeln. Auf der anderen Seite ebenso verfahren.
3. Den Armlochbeleg **rechts auf rechts** an das Armloch nähen. Die Nahtzugaben zurückschneiden, einknipsen (s. S. 140) und auseinanderbügeln. Die Nahtzugabe auf den Beleg bügeln und untersteppen (s. S. 143). *{Abb. 15}*

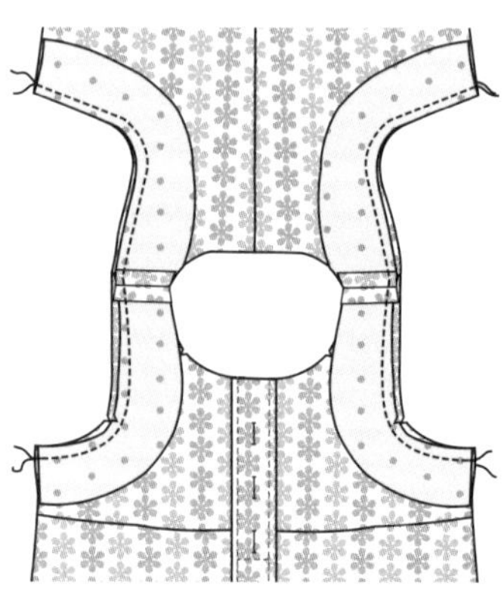

{Abb. 15}

AUSSCHNITTBESATZ ANNÄHEN

1. Den Halsausschnit mit einer Stütznaht versehen (s. S. 142). Die Nahtzugabe etwa alle 2,5 cm einknipsen, damit der Stoff in der Rundung flach liegt.
2. Den verstärkten Besatz am Ausschnitt entlang an das Kleid nähen, dabei dort über den Armlochbeleg nähen, wo sich die Nahtzugaben überlappen. Die Steppnaht muss neben der Stütznaht liegen, damit diese auf der Außenseite später nicht zu sehen ist. Die Nahtzugaben zurückschneiden, einknipsen und auf den Besatz bügeln. *{Abb. 16}*
3. Die Besatzstücke **rechts auf rechts** aufeinanderlegen, dabei Oberkante und Seite dort, wo sie auf die Leiste treffen, bündig ausrichten, ebenso die Punktmarkierungen an den Besatzstücken. Den Ausschnittbesatz von der Rundung aus am Ausschnitt entlang bis zur gegenüberliegenden Markierung feststeppen. Die Nahtzugaben zurückschneiden und einknipsen. Das unverstärkte Besatzteil auf die **linke** Seite des Kleides bügeln. *{Abb. 17}*
4. Die Nahtzugabe der inneren Besatzteilkante unterbügeln. Auf der **rechten** Seite des Kleides im Nahtschatten steppen (s. S. 142) oder absteppen, um die freien Schnittkanten des inneren Besatzteils einzuschließen.

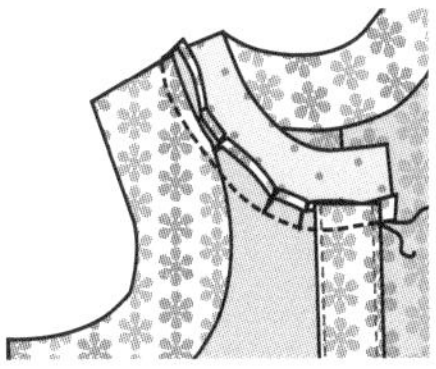

{Abb. 16}

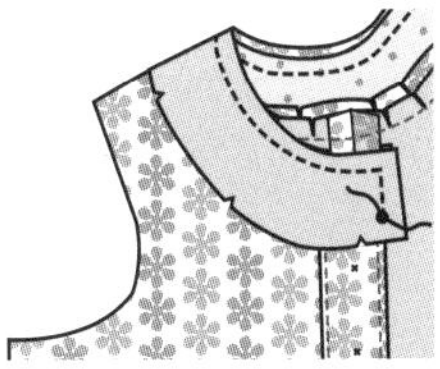

{Abb. 17}

SEITENNÄHTE

1. Die Armlochbelege **rechts auf rechts** nach oben umschlagen, Vorder- und Rückenteil sowie vordere und hintere Belege an den Seitennähten aufeinander ausrichten. Vom Beleg zum Saum nähen, dabei die Teile an den Armlochnähten, Oberteilnähten und Knipsen aufeinander ausrichten. Die Nahtzugaben auseinanderbügeln, dann die Armlochbelege auf die **linke** Oberteilseite bügeln. Auf der anderen Seite ebenso verfahren.
2. Im Nahtschatten der Seitennähte je eine Steppnaht setzen, um die Armlochbelege zu befestigen.

FERTIGSTELLEN

1. Die Knopflöcher (s. S. 138) in Leiste und Ausschnittbesatz nähen. Die Knöpfe annähen.
2. 6 mm Saumzugabe auf die **linke** Stoffseite bügeln, dann weitere 2,5 cm umbügeln und mit der Maschine oder von Hand absteppen.

DIANA ROSS

DIANA ROSS

------ Schwierigkeitsgrad: einfach ------

Es ist nicht ganz einfach, im Zeitalter der flatternden Schlaghosen und glitzernden Diskokugeln einen hervorstechenden Modestil zu entwickeln, aber Diana Ross hat es geschafft. Mit ihrer Kombination aus den Pailletten, den Strasssteinen und dem Glitzer der aufkommenden Disko-Kultur und der blitzsauberen amerikanischen Sportswear, die in den 1970ern ihre Blütezeit erlebte, schuf sie einen charakteristischen Look, der ihre Fans nicht weniger in Entzücken versetzte als ihre gewaltige Stimme. Ihr Stil entwickelte sich parallel zu ihrer Karriere weiter. Den flippigen Bob und die Babydoll-Kleidchen der Supremes-Ära ersetzte sie mit dem Beginn ihrer Solokarriere durch einen gewagten Afro und weite Hosen, bis sie schließlich den Stil fand, für den sie dank ihrem Auftritt in *Mahagoni* berühmt wurde, einem Film über – wie passend – eine aufstrebende Modedesignerin, für den Diana Ross auch die Kostüme entwarf. Ihren modischen Höhepunkt erreichte die wagemutige Diva mit einer Kombination aus Jerseykleidern mit spektakulären Ärmeln, Schluppenblusen und phantastischen Accessoires, gekrönt von einer dichten Naturlockenmähne über einem schweren Lidstrich und falschen Wimpern (zwei großen Trends jener Zeit, möglicherweise von ihrer Zeitgenossin Twiggy inspiriert). Niemals brav und immer sexy – Diana Ross brachte der Musikwelt den Glitzer und gilt als eine der ersten weiblichen afroamerikanischen Ikonen der Popkultur.

Diana breitet oft die Arme aus, wenn sie ihre Stimme in vollem Umfang ertönen lässt – wo ließen sich bei diesem Kleid also bessere dramatische Akzente setzen als an den Ärmeln? Den authentischen Disko-Look erhält das Kleid durch den Tropfenausschnitt in 3 Varianten: züchtig (über der Brust), freizügig (bis unter die Brust) und sexy (bis zum Nabel). Sie können den Ausschnitt natürlich auch weglassen. Beide Varianten sind an Taille und Hüfte eng geschnitten und lenken das Augenmerk so auf das Oberteil. Von allen Kleidern in diesem Buch ist dieses am schnellsten genäht – wenn Sie also in kürzester Zeit einen dramatischen Auftritt hinlegen wollen, halten Sie sich an Diana.

Das Originalkleid hat weite Dolmanärmel, die im Ruhezustand lässig herunterhängen, sich aber wie Schmetterlingsflügel entfalten, sobald Sie mit ausgebreiteten Armen »I'm Coming Out« mitschmettern.

Bei der Variation geht dieser dramatische Ärmel vom Ellbogen abwärts in eine lange Manschette über. Wenn Ihnen das zu brav und einer Diskoqueen nicht würdig erscheint, arbeiten Sie von der Schulter bis zum Ellbogen einfach Schlitze ein.

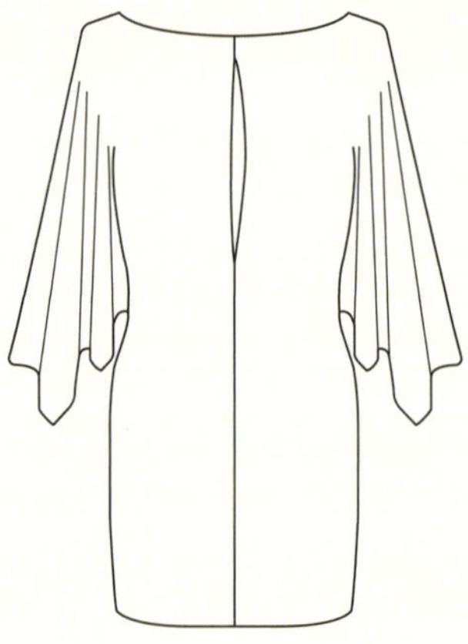

{vorn}

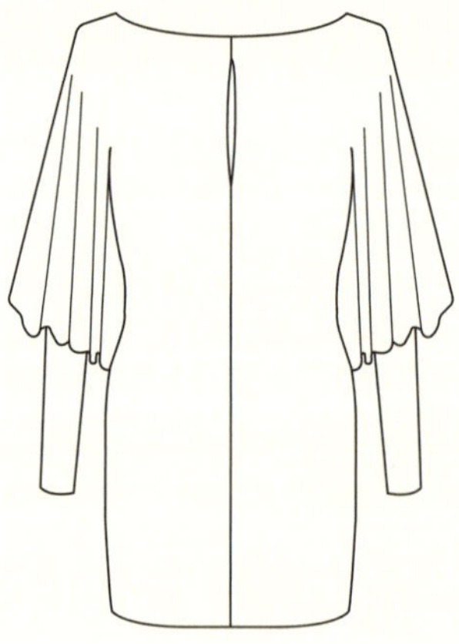

{Variation}

{Variation}

STOFFVORSCHLÄGE

Passend für die meisten 2- oder 4-Wege-Stretch-Trikotstoffe. Nicht geeignet für Rippenstrick.

--- MASSE ---

2,3 m (150 cm breit)

--- KURZWAREN ---

passendes Garn

leichte Vlieseinlage: ausreichend für den Vorderteilbeleg

SCHNITTBILD FÜR DIE EINZELNEN TEILE

1 Kleid vorn und hinten

2 Beleg Tropfenausschnitt

3 Manschette (Variation)

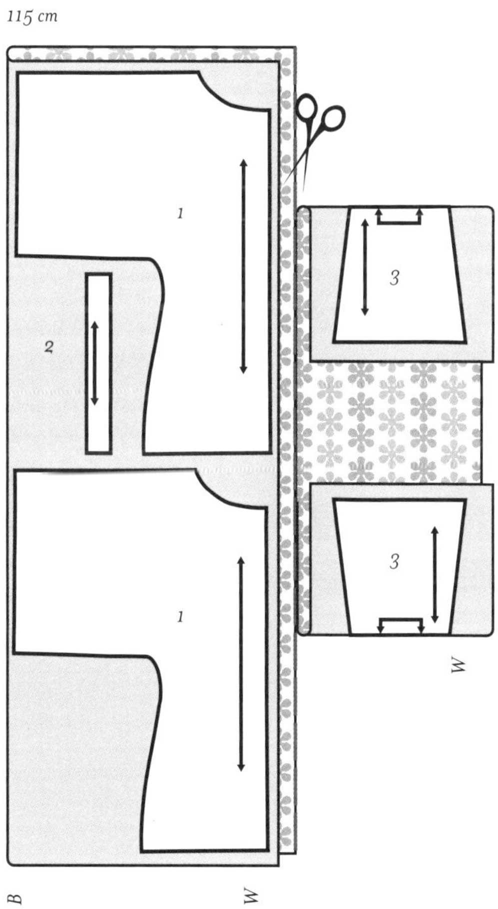

NÄHANLEITUNG

Alle Nahtzugaben betragen 1,6 cm, sofern nicht anders angegeben. Für alle Nähte einen Stretchstich (s. S. 143) an der Nähmaschine einstellen, sofern nicht anders angegeben.

1. Alle Schnittteile nach dem Schnittbild aus dem Stoff zuschneiden. Der Stoff wird dabei entlang dem Längsfaden gerade breit genug für das Vorder- und das Rückenteil gefaltet. Überschüssigen Stoff so abschneiden, dass das Manschetten-Schnittteil noch daraufpasst. Die Oberkante des abgeschnittenen Stoffstücks entlang dem Querfaden nach unten und die Unterkante nach oben falten. Die Manschetten-Schnittteile jeweils auf die Bruchkanten legen. Die Einlage für Schnittteil 2 zuschneiden.
2. Den Ausschnittbeleg mit Vlies verstärken (s. S. 141).

BELEG ANNÄHEN

Wenn Sie keinen Ausschnitt möchten, überspringen Sie diesen Schritt. Hinweis: Die Abbildungen zeigen das Einarbeiten eines tiefen Ausschnitts.

1. Den Ausschnittbeleg **rechts auf rechts** vom Knips am Ausschnitt bis zum Knips für die gewünschte Ausschnitttiefe mit Geradstich an das Kleid nähen. Die Nahtzugaben erst auseinander- und dann auf den Beleg bügeln. Mit Geradstich durch Beleg und Nahtzugaben untersteppen (s. S. 143). Auf der anderen Seite ebenso verfahren. *{Abb. 1}*

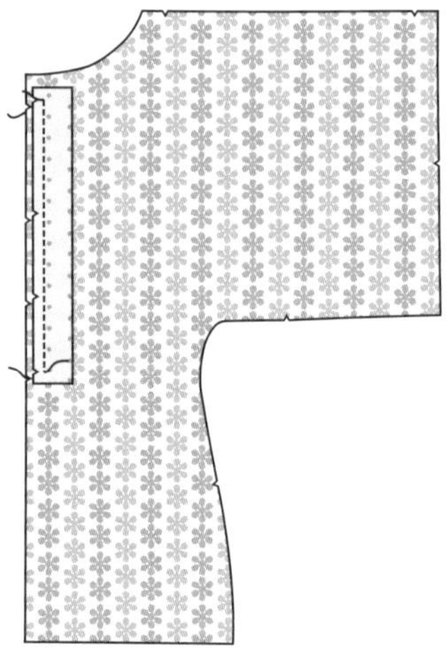

{Abb. 1}

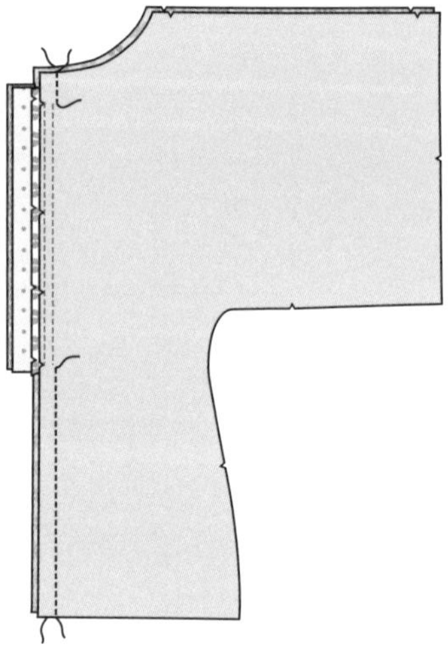

{Abb. 2}

KLEID

1. Die vordere Mittelnaht **rechts auf rechts** vom Halsausschnitt bis zum Knips an der oberen Belegkante schließen. Vom Knips an der unteren Belegkante bis zum Saum weiternähen. Soll das Kleid keinen Tropfenausschnitt haben, die Mittelnaht vom Halsausschnitt bis zum Saum schließen. Die Nahtzugaben auseinanderbügeln. Im Nahtschatten der vorderen Mittelnaht steppen (s. S. 142), damit der Beleg flach liegt. *{Abb. 2}*
2. Die hintere Mittelnaht **rechts auf rechts** vom Halsausschnitt bis zum Saum schließen. Die Nahtzugaben auseinanderbügeln.
3. Das Vorderteil an der Schulternaht **rechts auf rechts** zusammennähen. Die Nahtzugaben auseinanderbügeln.

Sollen die Ärmel geschlitzt sein, die Naht vom Halsausschnitt bis zum oberen Knips schließen und vom unteren Knips bis zum Ärmelsaum weiternähen. Die Nahtzugabe um den Schlitz auf die **linke** Stoffseite bügeln und 6 mm neben der Kante absteppen. Auf der anderen Seite ebenso verfahren. *{Abb. 3}*

4. Das Vorderteil an den Seitennähten **rechts auf rechts** an das Rückenteil nähen. Die Nahtzugaben an der Armlochkurve einknipsen und auseinanderbügeln. Auf der anderen Seite ebenso verfahren. *{Abb. 4}*

HALSAUSSCHNITT

1. Den Halsausschnitt an der Nahtzugabe von 1,6 cm mit einer Stütznaht versehen (s. S. 142). Die Nahtzugabe auf 6 mm zurückschneiden, auf die **linke** Stoffseite bügeln und mit einer Zwillingsnadel (s. S. 143) absteppen (s. S. 143), dabei durch den Tropfenausschnittbeleg nähen.

Tipp: Beim Nähen mit einer Zwillingsnadel immer die **rechte** Seite nach oben legen und die Fadenspannung an der Nähmaschine verringern.

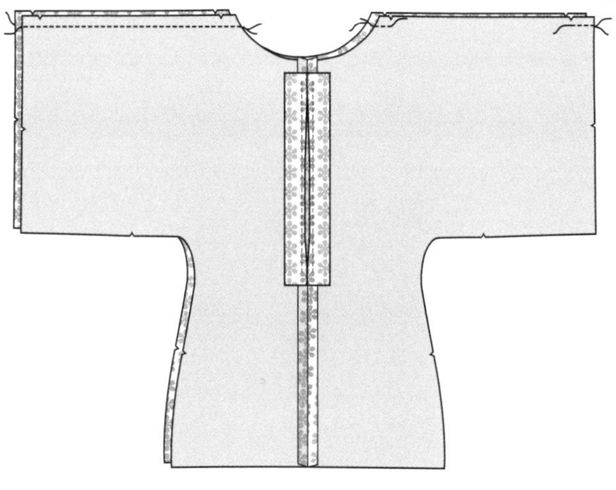

{Abb. 3}

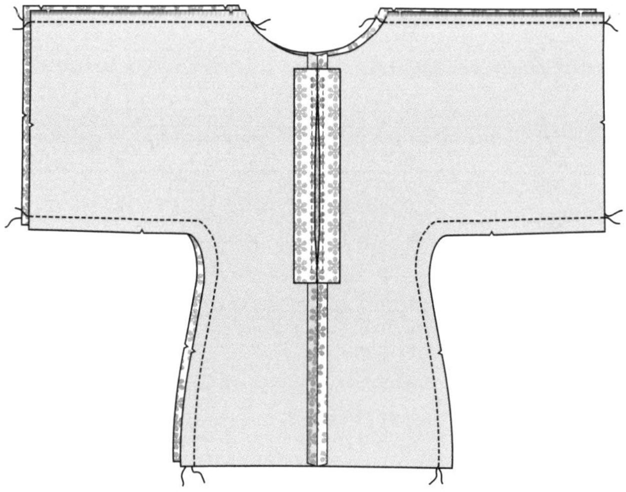

{Abb. 4}

VARIANTE MIT MANSCHETTEN

Wenn Sie nicht die Variante mit Manschetten nähen, fahren Sie mit dem Abschnitt »Fertigstellen« fort.

1. Die Manschette entlang dem Längsfaden **rechts auf rechts** falten, dabei die Knipse aufeinander ausrichten. An der langen Kante zusammensteppen. *{Abb. 5}*
2. Zur Hälfte auf **rechts** wenden, so dass die Manschette eine Futterseite bekommt und die Nahtzugaben verborgen sind. *{Abb. 6}*
3. Den Ärmelsaum mit 2 Heftnähten (s. S. 138) versehen und den Ärmel so kräuseln (s. S. 140), dass er auf die unversäuberte Schnittkante der Manschette passt. *{Abb. 7}*
4. Das Kleid auf **links** wenden, die Manschette **rechts auf rechts** in den Ärmel legen, die Manschettennaht auf die Seitennaht des Kleids, die Knipse und die freien Schnittkanten ausrichten. *{Abb. 8}* Die Kräuselfalten gleichmäßig verteilen und sorgfältig feststecken. Den Ärmel an die Manschette nähen. Die Heftnähte entfernen. Auf der anderen Seite ebenso verfahren. *{Abb. 9}*

Tipp: Auf der Innenseite der Manschette nähen, damit die Kräuselfalten am Transporteur liegen. Außerdem lässt sich die Rundnaht einfacher nähen, wenn sie nicht über den Arm der Nähmaschine gedehnt wird.

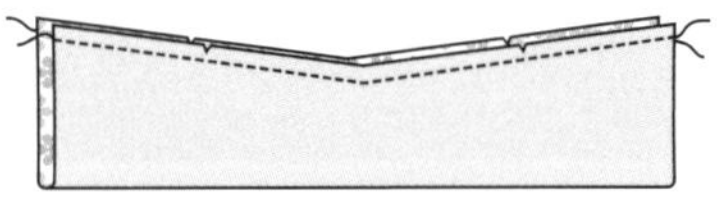

{Abb. 5}

{Abb. 6}

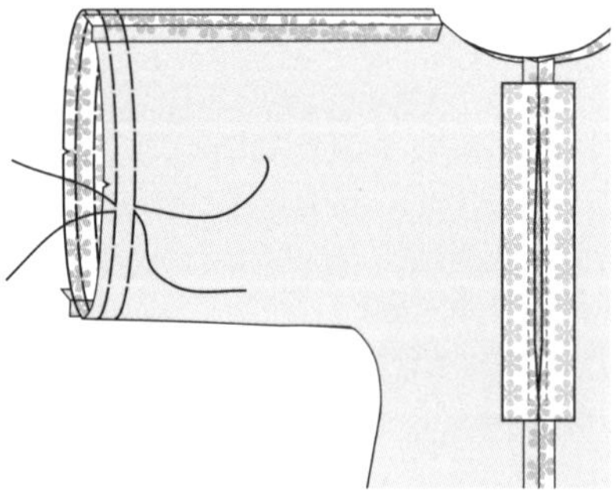

{Abb. 7}

FERTIGSTELLEN

1. 1,6 cm Saumzugabe am Kleidsaum auf die **linke** Stoffseite bügeln. Mit der Zwillingsnadel absteppen.
2. 1,6 cm Saumzugabe am Ärmelsaum auf die **linke** Stoffseite bügeln. Mit der Zwillingsnadel absteppen. Diesen Schritt bei der Variante mit Manschetten auslassen (die Manschetten brauchen wegen der Bruchkante nicht versäubert zu werden).

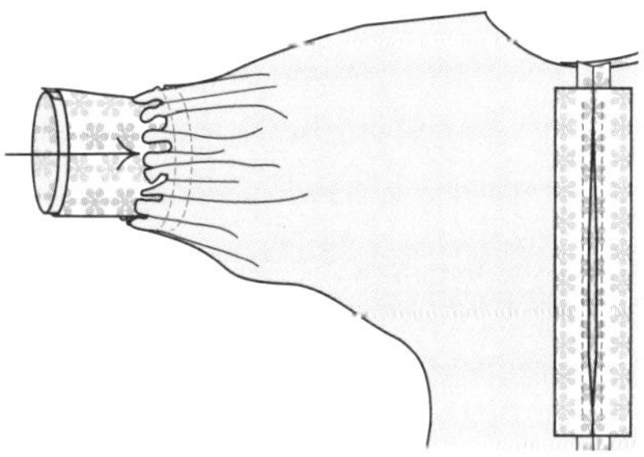

{Abb. 8}

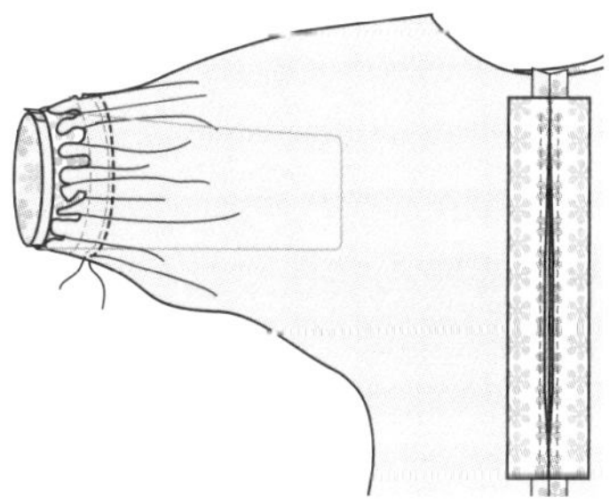

{Abb. 9}

FARRAH FAWCETT

FARRAH FAWCETT

------ *Schwierigkeitsgrad: einfach/mittel* ------

Den meisten fällt zum Namen Farrah Fawcett eins ein: ihre Frisur. Die fabelhaft fedrige Föhnfrisur mit Außenwelle. Und in vielerlei Hinsicht ist das auch nicht unpassend, da die nicht zu leugnende Energie ihrer legendären Lockenpracht ein Sinnbild für die sorglose Sportlichkeit und Fröhlichkeit war, mit der Farrah Fawcett einen willkommenen Kontrapunkt zu den introvertierten Magermodels der späten 1960er und frühen 1970er Jahre setzte. Über das mustergültige Image als kerngesundes, gebräuntes, typisches amerikanisches Mädchen hinaus spielte sie auch gern ihren natürlichen Sexappeal aus, indem sie verruchterweise keinen BH trug und ihr Image mit dem berüchtigten Pin-up-Poster im roten Badeanzug vermarktete. Mit der Bemerkung »Als *3 Engel für Charlie* auf Platz 3 landete, nahm ich an, es lag an unserer Schauspielkunst – als wir auf Platz 1 aufstiegen, wusste ich, es konnte nur daran liegen, dass keine von uns einen BH trägt« stellte sie gleichzeitig ihre selbstbewusste Sinnlichkeit und ihren natürlichen Sinn für Humor unter Beweis. Ihr verspielt-anzüglicher Stil zeigte sich in Jeans mit Schlag und hoher Taille, Overalls, Trainingsjacken und dem hier abgebildeten Wickelkleid, das wahrscheinlich von niemand anderem als Diane von Fürstenberg inspiriert wurde – so ein Kleid durfte in diesem Jahrzehnt in keinem Kleiderschrank fehlen.

Dieses Wickelkleid verströmt zwanglose Anmut und Sinnlichkeit. Den tiefen V-Ausschnitt können Sie mit viel Dekolleté wie Charlies Engel oder sittsam und goldig mit einem Kamisol darunter tragen.

Das Originalkleid ist eine Interpretation des Wickelkleids für die berufstätige junge Frau mit seriös wirkenden Details: Dreiviertelärmel mit Riegeln, einem Kragen und einer aufgesetzten Minitasche. Schließlich will auch eine Detektivin elegant zur Arbeit erscheinen!

Die Variation ist ein stromlinienförmiges, legeres Wickelkleid mit überschnittenen Ärmeln, ideal für ein Picknick im Park.

Sie können die einzelnen Elemente der beiden Varianten auch nach Belieben mischen und damit den klassischen Farrah-Fawcett-Stil der freiheitsliebenden 70er nachempfinden.

{vorn}

{Variation}

{Variation}

STOFFVORSCHLÄGE

Geeignet für die meisten leichten bis mittelschweren bi-elastischen Stoffe. Nicht geeignet für Rippenstrick.

--- MASSE ---

2,3 m (150 cm breit)

leichte Baumwolle für Tasche und Riegel

--- KURZWAREN ---

2 bis 3 Knöpfe, Durchmesser 12 mm (optional, für Variante mit Tasche und Riegeln)

Ripsband, 2,5 cm breit: 3,4 m

passendes Garn

leichte Vlieseinlage: 69 cm (55 cm breit)

SCHNITTBILD FÜR DIE EINZELNEN TEILE

1 Oberteil vorn
2 Oberteil hinten
3 kurzer Ärmel (optional)
4 Dreiviertelärmel (optional)
5 Rock vorn
6 Rock hinten
7 Ausschnittbeleg vorn
8 Ausschnittbeleg hinten
9 Kragen (optional)
10 Rockbeleg
11 Riegel (optional)
12 Tasche (optional)

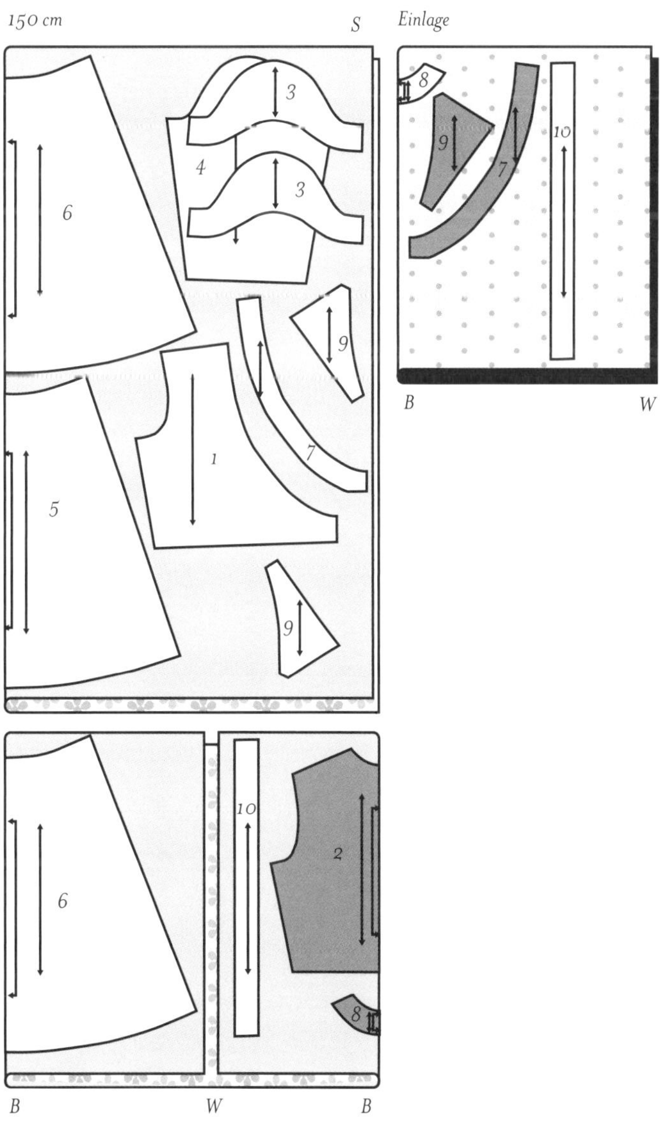

NÄHANLEITUNG

Alle Nahtzugaben betragen 1,6 cm, sofern nicht anders angegeben. Für alle Nähte einen Stretchstich (s. S. 143) an der Maschine einstellen, sofern nicht anders angegeben.

1. Benötigte Teile nach dem Schnittbild aus dem Stoff zuschneiden. Vlies für die Schnittteile 7, 8, 9 (optional) und 10 zuschneiden.
2. Belege, 2 Riegel und 2 Kragenstücke mit Vlies verstärken (s. S. 141) (dabei entstehen ein rechter und ein linker Kragen).
3. Das Ripsband quer halbieren.

KRAGEN (OPTIONAL)

1. Den verstärkten und den unverstärkten Kragen **rechts auf rechts** zusammennähen, dabei die lange, leicht geschwungene Seite offen lassen. Nahtzugaben zurückschneiden, einknipsen (s. S. 139) und auseinanderbügeln, dann auf **rechts** wenden. Mit einer Wendehilfe (s. S. 144) die Ecke vorsichtig herausdrücken und bügeln. Auf der anderen Seite ebenso verfahren. *{Abb. 1}*
2. Die vernähten Ränder an beiden Kragen 6 mm neben der Kante absteppen (s. S. 143).

BELEG ANNÄHEN

1. Vorderes Oberteil **rechts auf rechts** an den Schulternähten an das hintere Oberteil nähen. Nahtzugaben auseinanderbügeln. Auf der anderen Seite ebenso verfahren. *{Abb. 2}*
2. Vorderen Beleg an den Schulternähten **rechts auf rechts** an den hinteren Beleg nähen. Nahtzugaben auseinanderbügeln. Auf der anderen Seite ebenso verfahren. *{Abb. 3}*
3. Offene Kragenkante zwischen Schulternaht und Knips am Ausschnitt **rechts auf rechts** an das Oberteil heften (s. S. 138). Auf der anderen Seite ebenso verfahren.
4. Eine Schnittkante des Ripsbandes auf der **rechten** Stoffseite des vorderen Oberteils an die kurze Kante zwischen Ausschnitt und Taille heften. Auf der anderen Seite wiederholen.
5. Beleg **rechts auf rechts** am Ausschnitt feststeppen, dabei an den Ecken die Nährichtung ändern und Kragen und Ripsband mit einnähen. Nahtzugaben zurückschneiden, einknipsen (s. S. 139) und auseinanderbügeln. *{Abb. 4}*
6. Nahtzugaben auf den Beleg bügeln und untersteppen (s. S. 143).

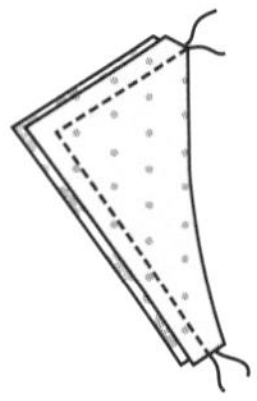

{Abb. 1}

{Abb. 2}

{Abb. 3}

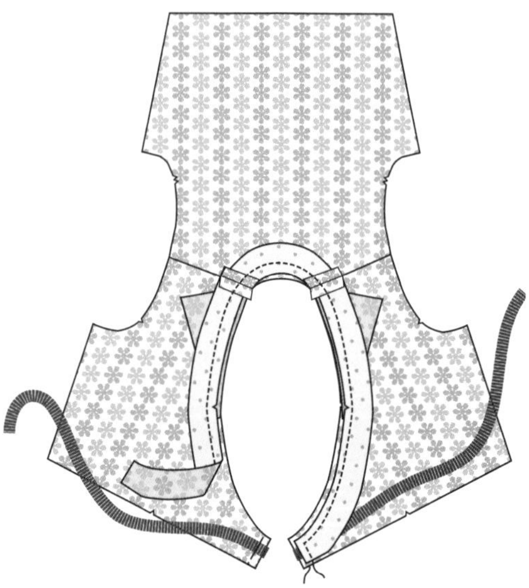

{Abb. 4}

OBERTEIL

1. Das vordere Oberteil **rechts auf rechts** auf das hintere Oberteil legen.
2. Auf der linken Trageseite die Seitennaht schließen. Die Nahtzugaben auseinanderbügeln.
3. Auf der rechten Trageseite die Seitennaht von der Taille aus 1,6 cm in Richtung Armloch schließen. 2,5 cm für das Ripsband offen lassen. Die restliche Seitennaht bis zum Armloch schließen. Die Nahtzugaben auseinanderbügeln. *{Abb. 5}*

ÄRMEL

1. Kurzen Ärmel **rechts auf rechts** falten und die Naht schließen. Nahtzugaben auseinanderbügeln. Mit den anderen Ärmelteilen ebenso verfahren. Für die Dreiviertelarm-Variante mit Schritt 3 fortfahren.
2. Überschnittene Ärmel: Ober- und Futterseite **rechts auf rechts** am Saum so zusammennähen, dass ein rechter und ein linker Ärmel entstehen. Nahtzugaben zurückschneiden und einknipsen, auf **rechts** wenden und bügeln. Die Oberseite am Armloch an die Futterseite heften, damit sich der Stoff nicht verschiebt. *{Abb. 6}*
3. Oberkante der Ärmelöffnung **rechts auf rechts** auf das Armloch legen, dabei freie Schnittkanten, Knipse, Unterarmnähte sowie die Schulternaht und den Knips an der Ärmeloberkante aufeinander ausrichten.
4. Ärmel von den Unterarmnähten aus von **links** an das Armloch nähen, dabei den Stoff leicht dehnen, damit die Knipse übereinstimmen und beim Nähen keine Falten entstehen. Nahtzugaben zurückschneiden, einknipsen und auf die **linke** Oberteilseite bügeln. Auf der anderen Seite ebenso verfahren. *{Abb. 7}*

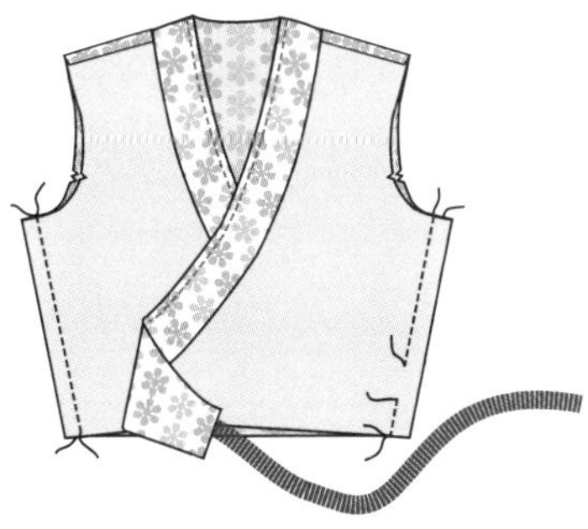

{Abb. 5}

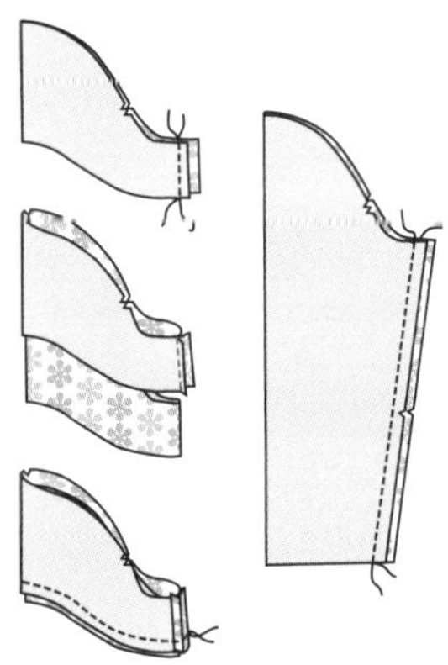

{Abb. 6}

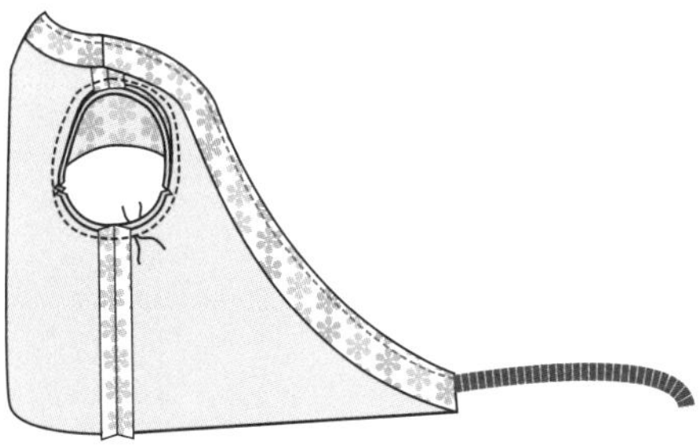

{Abb. 7}

ROCK

1. Den Beleg **rechts auf rechts** an das Rockvorderteil nähen, dabei durch Ändern der Nährichtung am unteren Saum eine saubere Ecke nähen. Die Nahtzugaben an der Ecke schräg abschneiden und den Rock auf **rechts** wenden. Die Nahtzugaben erst auseinander-, dann auf den Beleg bügeln und untersteppen. Auf der anderen Seite ebenso verfahren. Es entsteht ein rechtes und ein linkes Vorderteil. *{Abb. 8}*
2. Das Rockvorderteil gegenüber dem Beleg an der Seitennaht an das Hinterteil nähen, dabei die Knipse aufeinander ausrichten. Die Nahtzugaben auseinanderbügeln. Auf der anderen Seite ebenso verfahren. *{Abb. 9}*
3. Die vorderen Belege auseinanderfalten und den Rock **rechts auf rechts** an das Oberteil nähen, dabei alle Nahtlinien aufeinander ausrichten und die vordere Mittelnaht offen lassen. *{Abb. 10}*
4. Den Beleg auf die **linke** Seite umschlagen. An beiden vorderen Taillennähten und an den Schulternähten im Nahtschatten steppen (s. S. 142), damit der Beleg auf der **linken** Seite flach liegt. Sie können die Belege auch absteppen (s. S. 143).

TASCHE (OPTIONAL)

1. Die Taschenteile **rechts auf rechts** von der Unterkante aus zusammensteppen, dabei an den Ecken jeweils die Nährichtung ändern (s. S. 142). An der Taschenunterseite zum Wenden 2,5 cm offen lassen.
2. Die Nahtzugaben an allen Ecken zurückschneiden, die Tasche auf **rechts** wenden und die Ecken vorsichtig mit einer Wendehilfe (s. S. 144) herausdrücken. Die Nahtzugaben an der Öffnung auf die **linke** Taschenseite bügeln. Die dreieckige Klappe auf die Außenseite des Taschenvierecks bügeln. Einen Knopf von Hand durch alle Stoffschichten hindurch annähen, um die Dreieckklappe zu befestigen.
3. Das Kleid anprobieren und die gewünschte Taschenposition markieren. Das Oberteil flach auslegen und die Tasche feststecken. Seiten und Unterkante der Tasche knappkantig feststeppen (s. S. 139), die Oberkante mit der Klappe offen lassen.

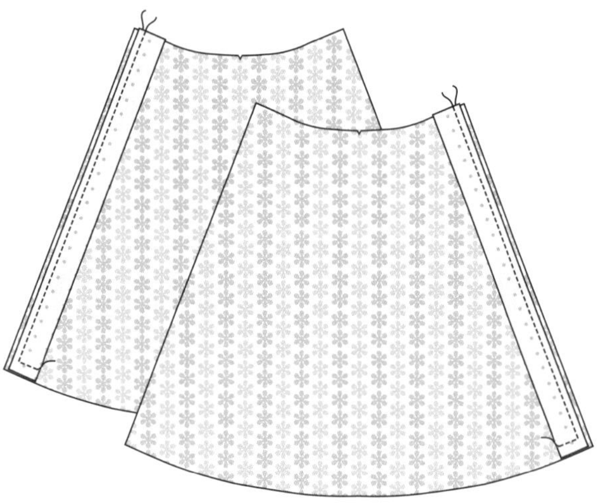

{Abb. 8}

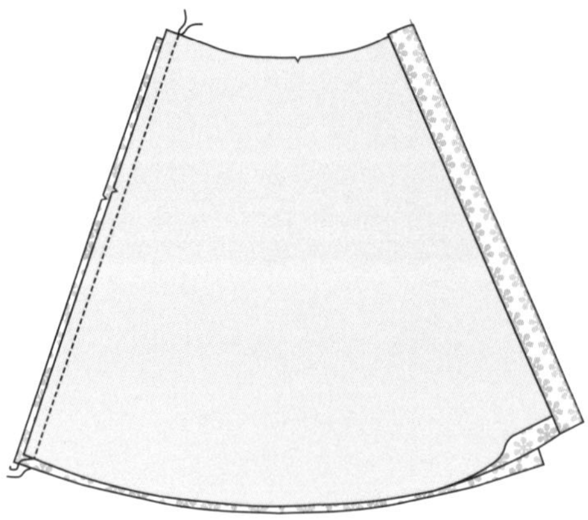

{Abb. 9}

FERTIGSTELLEN

1. Das Kleid anprobieren, die gewünschte Saumhöhe mit dem Meterstab vom Boden aus festlegen und die Schnitt- oder Bruchkante mit Schneiderkreide oder Stecknadeln markieren. Nach Bedarf kürzen.
2. 1,6 cm Saumzugabe an der Unterkante von Kleid und Dreiviertelärmeln (falls verwendet) auf die **linke** Stoffseite bügeln. Mit einer Zwillingsnadel (s. S. 143) absteppen.

Tipp: Beim Nähen mit einer Zwillingsnadel immer die **rechte** Seite nach oben legen und die Fadenspannung an der Nähmaschine verringern.

RIEGEL (OPTIONAL)

1. Den Riegel **rechts auf rechts** mit einer Nahtzugabe von 6 mm zusammennähen, dabei an allen Ecken die Nährichtung ändern; die kurze gerade Seite offen lassen. Die Nahtzugaben an den Ecken zurückschneiden, auseinanderbügeln und den Riegel auf **rechts** wenden.
2. Die Ecken mit einer Wendehilfe vorsichtig herausdrücken. Rundherum mit 6 mm Nahtzugabe absteppen.
3. Dreiviertelärmel anprobieren und die gewünschte Riegelposition markieren. Für einen leicht gerafften Ärmel das unvernähte Riegelende an die **linke** Ärmelseite stecken, dann das dreieckige Ende auf die **rechte** Seite ziehen und die Position markieren.
4. Die offene Riegelkante auf der **linken** Ärmelseite auf die Saumzugabe ausrichten und direkt auf dem Ärmelsaum feststeppen. Das dreieckige Riegelende auf der **rechten** Ärmelseite auf die Markierung legen. Einen Knopf von Hand durch alle Stoffschichten hindurch annähen, um den Riegel zu befestigen.

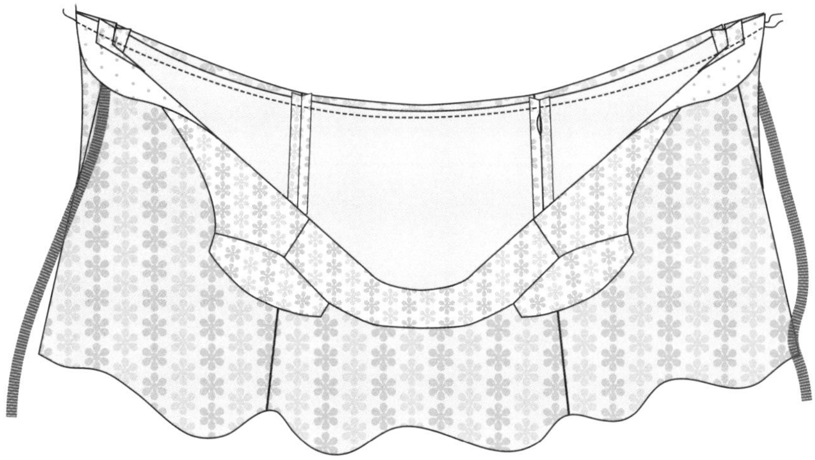

{Abb. 10}

STEVIE NICKS

STEVIE NICKS

------ *Schwierigkeitsgrad: Anfänger* ------

Als Stevie Nicks in den frühen 1970er Jahren begann, Musik zu machen, trug sie noch Kleider aus Secondhandläden. Es dauerte nicht lange, bis sie genügend Geld verdiente, um sich in Designerklamotten zu hüllen, doch sie blieb ihrem glamourösen Zigeunerlook treu, der sich nahtlos in die Hippiekultur jener Zeit einfügte. Diese bescheidenen Anfänge erklären vielleicht, warum viele ihren Stil kopieren, obwohl sie nie von einem Designer zum Gesicht eines Labels erkoren wurde. »Die Modeleute sagten dauernd so was wie ›das ist ein Maximantel im Stevie-Nicks-Stil‹ oder ›eine Chiffonbluse im Stevie-Nicks-Stil‹«, sagt sie, »aber niemand hat mich tatsächlich angesprochen.« Trotz dieser Haltung hinterließ Stevie Nicks eindeutige Spuren in der Modewelt, und ihr Stil beeinflusste wahrscheinlich auch moderne Diven wie Madonna. Stevie Nicks wiederum sagt, sie hätte sich von Janis Joplins Federboas, Schlaghosen und Seidenblusen inspirieren lassen. Ihr typischer Stil verfeinerte sich im Laufe der Jahre, aber lange Röcke, Spitzenschals, Leder, viele Kleiderschichten, eine wilde Mähne und ihre berühmten 18 cm hohen Wildleder-Plateauschuhe blieben während der gesamten vier Jahrzehnte ihrer Karriere ihre Markenzeichen.

Ohne den Taschentuchsaum wäre dieses Modell kein Stevie-Nicks-Kleid. Beide Kleider haben ein einfaches, figurnahes Oberteil, das nicht vom schönen Spitzen- oder Chiffonschal ablenkt, den Sie sicher dazu tragen werden.

Die Spaghettiträger des Originalkleids bestehen aus passendem oder kontrastfarbigem Falzgummi. Etwas unkonventioneller wird es durch Fransen am Ausschnitt, die bezaubernd über die Brust fallen und für Bewegung sorgen, wenn Sie lauthals »Dreams« mitsingen.

Bei der Variation ersetzen geraffte überschnittene Ärmel die Spaghettiträger und der Ausschnitt wird mit Belegen versäubert. Diese Interpretation geht mehr in Stevie Nicks' spätere Stilrichtung, einer Mischung aus viktorianischer Mode und Zigeuner-Chic.

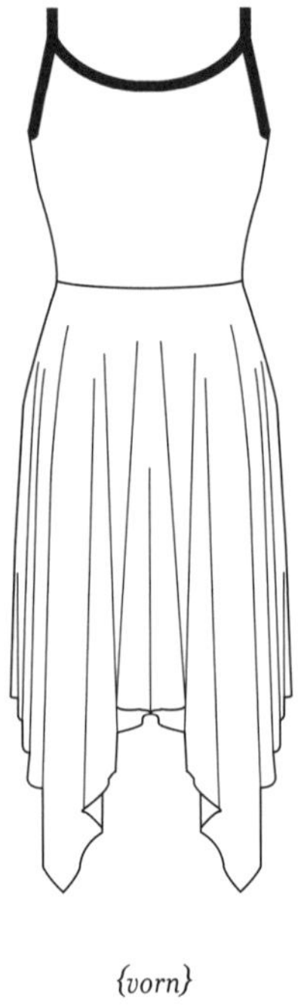

{vorn}

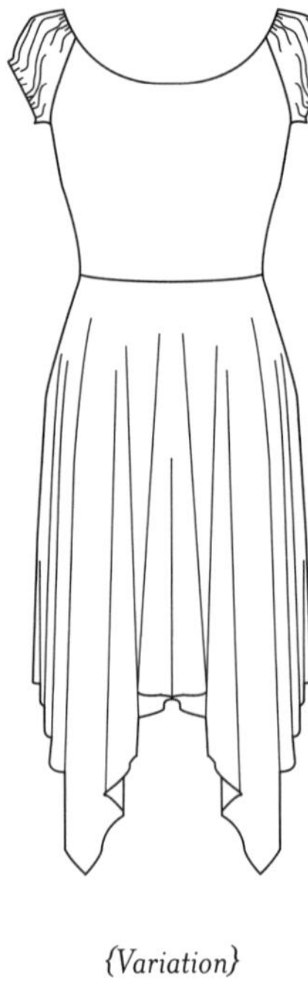

{Variation}

{Variation}

STOFFVORSCHLÄGE

Geeignet für die meisten leichten 2- oder 4-Wege-Stretchstoffe. Nicht geeignet für Rippenstrick.

--- MASSE ---
2,2 m (150 cm breit)

--- KURZWAREN ---
passendes Garn
Gummiband, 6 mm für überschnittene Ärmel: 1,4 m
Falzgummi für Variante mit Spaghettiträgern: 1,8 m
leichte Vlieseinlage: ausreichend für Belege vorn und hinten
Fransen für Ausschnitt vorn und hinten (optional): 69 cm

SCHNITTBILD FÜR DIE EINZELNEN TEILE

1 Oberteil vorn
2 Oberteil hinten
3 Beleg vorn (Variante mit überschnittenen Ärmeln)
4 Beleg hinten (Variante mit überschnittenen Ärmeln)
5 Rock (Schnittteile 25 cm über gewählte Größe verlängern)
6 Ärmel (Variante mit überschnittenen Ärmeln)
Falzgummi für Armloch (Variante mit Spaghettiträgern)
Gummiband für Armloch (Variante mit überschnittenen Ärmeln)
Gummiband für Ärmelschulter (Variante mit überschnittenen Ärmeln)

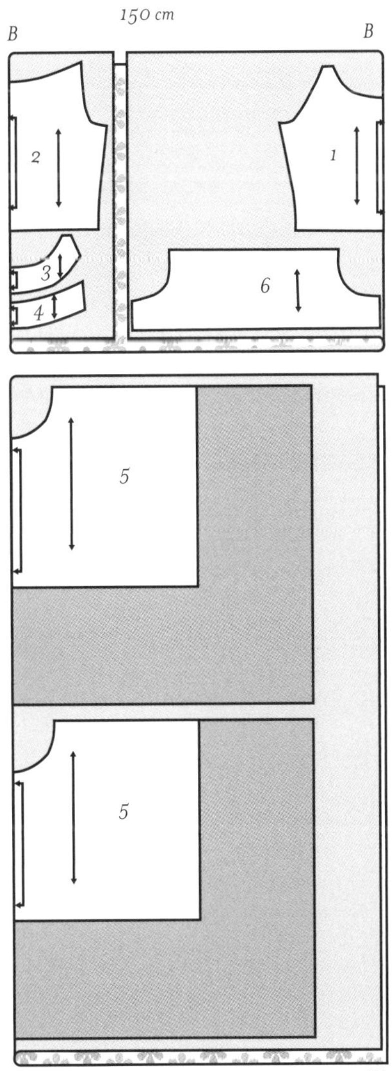

NÄHANLEITUNG

Alle Nahtzugaben betragen 1,6 cm, sofern nicht anders angegeben. Für alle Nähte einen Stretchstich (s. S. 143) an der Maschine einstellen, sofern nicht anders angegeben.

1. Beim Abpausen von Rockteil 5 die beiden auf dem Schnittteil angegebenen Seiten um 25 cm verlängern. *{Abb. 1}*
2. Alle Schnittteile nach dem Schnittbild aus dem Stoff zuschneiden. Für die Variante mit überschnittenen Ärmeln die Vlieseinlage für die Teile 3 und 4 sowie das Gummiband nach den Angaben für Armloch und Schulter zuschneiden. Für die Variante mit Spaghettiträgern das Falzgummi nach der Angabe im Schnittbild zuschneiden.
3. Die Belege mit Vlies verstärken (s. S. 141).

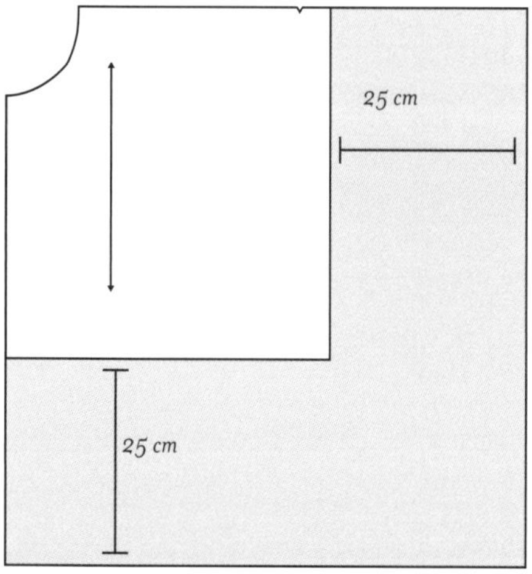

{Abb. 1}

OBERTEIL MIT FALZGUMMI UND FRANSEN (OPTIONAL)

Für die Variante mit überschnittenen Ärmeln diesen Abschnitt überspringen.

1. Von den Nahtzugaben am vorderen und hinteren Ausschnitt 1 cm wegschneiden.
2. Falzgummi auf den Ausschnitt vorn und hinten zuschneiden.
3. Offenes Falzgummi **links auf links** auf das Vorderteil legen. Die Falzkante des Gummis muss genau über der Ausschnittkante liegen. Gummi mit breitem Zickzackstich festnähen, die **rechte** Seite des Oberteils liegt dabei oben. Mit dem Rückenteil ebenso verfahren. *{Abb. 2}*
4. Fransen auf den Ausschnitt vorn und hinten zuschneiden und auf die **rechte** Oberteilseite heften (s. S. 138).
5. Falzgummi über Ausschnittkante und Fransen auf die **rechte** Seite des Vorderteils umklappen. Mit Zickzackstich festnähen. Heftstiche von **links** entfernen. Für das Rückenteil wiederholen.
6. Für das Armloch offenes Falzgummi **rechts auf rechts** an den kurzen Enden so vernähen, dass es einen durchgehenden Kreis bildet. Auf der anderen Seite ebenso verfahren.
7. Vorderteil an der Seitennaht **rechts auf rechts** an das Rückenteil nähen. Nahtzugaben auseinanderbügeln. Auf der anderen Seite ebenso verfahren. *{Abb. 3}*
8. Falzgumminaht und Seitennaht ausrichten und **links auf links** aufeinanderlegen. Am Armloch feststecken. Mit Zickzackstich vom hinteren zum vorderen Ausschnitt festnähen. *{Abb. 4}*
9. Gummi an der Falzkante so umklappen, dass es das Armloch einschließt und einen Spaghettiträger bildet. Mit Zickzackstich einmal um das Armloch nähen. *{Abb. 5}*

{Abb. 2}

OBERTEIL MIT ÜBERSCHNITTENEN ÄRMELN

1. Den vorderen Beleg **rechts auf rechts** am Ausschnitt entlang an das Vorderteil nähen. Die Nahtzugaben zurückschneiden, einknipsen (s. S. 139) und auseinanderbügeln. Mit dem Rückenteil ebenso verfahren. *{Abb. 6}*
2. Die Nahtzugaben auf den Beleg bügeln und untersteppen (s. S. 143). Mit dem Rückenteil ebenso verfahren.
3. Vorderteil und Rückenteil **rechts auf rechts** an den Seitennähten zusammennähen. Die Nahtzugaben auseinanderbügeln. *{Abb. 3}*

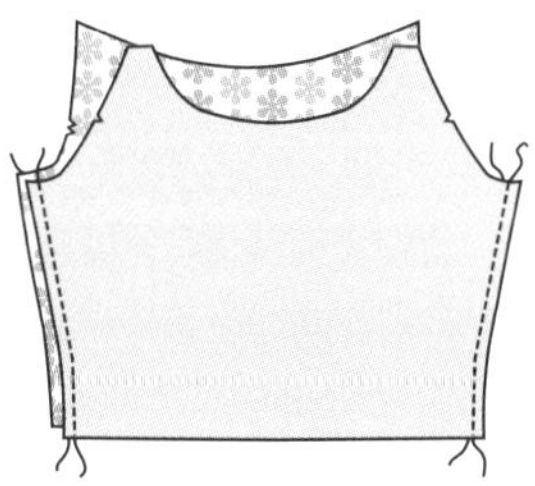

{Abb. 3}

{Abb. 4}

{Abb. 5}

{Abb. 6}

ÄRMEL

1. Ärmeloberkante 6 mm herunterbügeln, dann noch 1 cm umschlagen und bügeln. An der Bruchkante so absteppen, dass ein Tunnel entsteht. Mit dem anderen Ärmel und den unteren Ärmelkanten ebenso verfahren.
2. Gummiband mit Hilfe einer Sicherheitsnadel durch den Ärmeltunnel ziehen. Wenn das hintere Ende die Tunnelöffnung erreicht, dort feststecken. Sicherheitsnadel durch den Tunnel schieben und den Stoff dabei raffen. Darauf achten, dass das Band nicht verdreht ist, und an beiden Seiten befestigen. Mit den anderen Tunneln ebenso verfahren. *{Abb. 7}*
3. Unterarmnähte schließen, dabei über das Gummiband nähen. Gummi an den Schulternähten mit Stütznaht feststeppen. *{Abb. 8}*
4. Ärmel und Armlöcher **rechts auf rechts** aufeinanderlegen, dabei alle Knipse und Seitennähte aufeinander ausrichten. Die Belege so über die oberen Ärmelkanten falten, dass die **rechte** Belegseite auf der **linken** Ärmelseite liegt. Armlochnaht schließen. Auf der anderen Seite ebenso verfahren. *{Abb. 9}*
5. Die Nahtzugaben zurückschneiden und einknipsen (s. S. 139). Die Belege auf die **linke** Oberteilseite klappen. Am vorderen Ausschnitt entlang 1 cm neben der Kante absteppen. Am hinteren Ausschnitt ebenso verfahren.

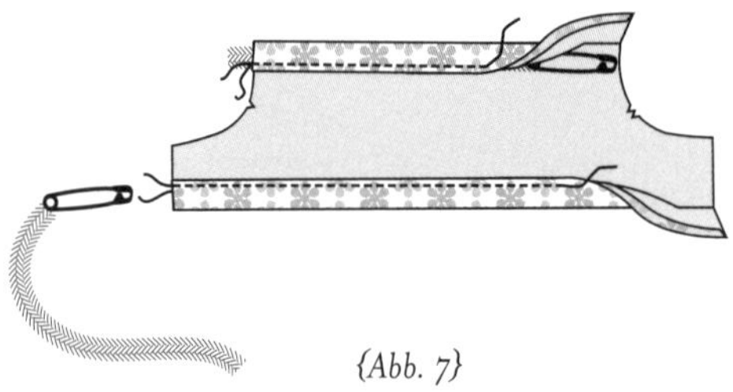

{Abb. 7}

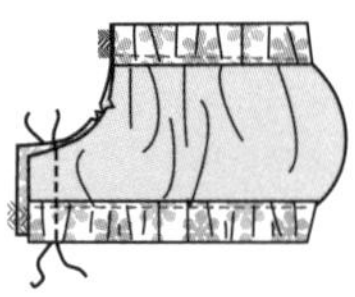

{Abb. 8}

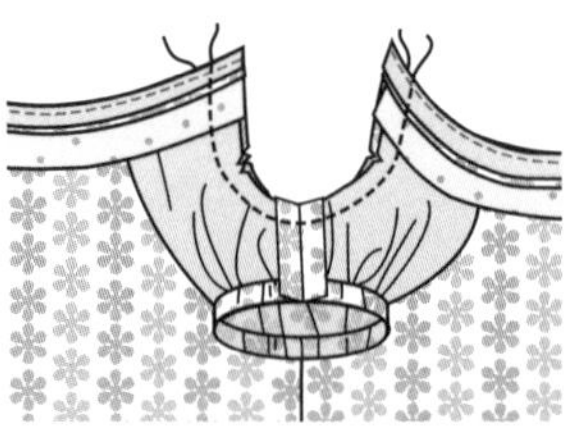

{Abb. 9}

ROCK

1. Eine Seitennaht **rechts auf rechts** schließen, dabei die Knipse aufeinander ausrichten. Die Nahtzugaben auseinanderbügeln. Auf der anderen Seite ebenso verfahren. *{Abb. 10}*
2. Den Rock **rechts auf rechts** an das Oberteil nähen, dabei die geschlossenen Seitennähte aufeinander ausrichten und die unteren Seitennähte offen lassen. *{Abb. 11}*

FERTIGSTELLEN

Den Saum nach Belieben mit der Nähmaschine oder Overlock-Maschine als Rollsaum (s. S. 140) versäubern oder 6 mm nach oben bügeln, dann noch einmal 6 mm umklappen, bügeln und absteppen.

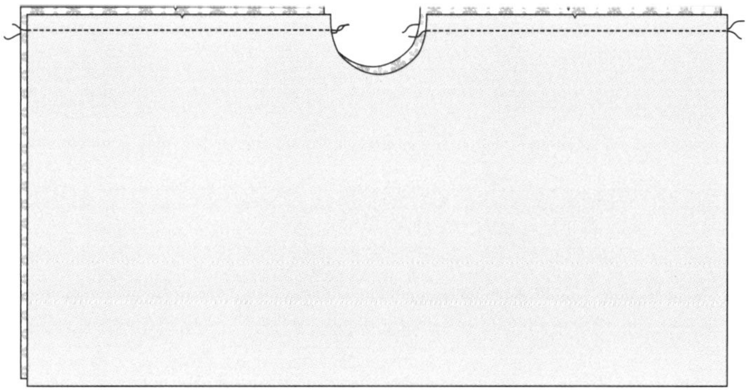

{Abb. 10}

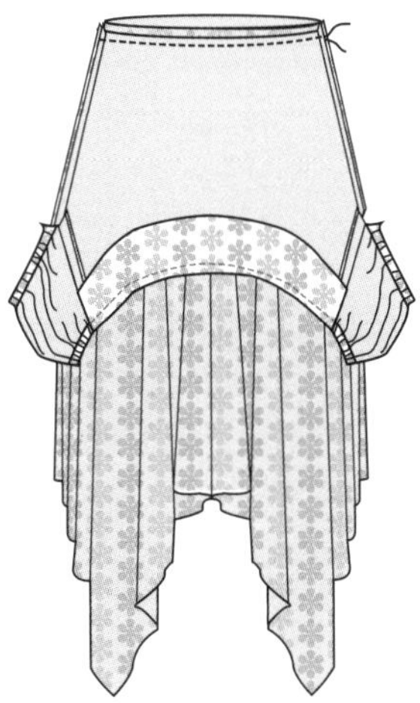

{Abb. 11}

MADONNA

BOY TOY

MADONNA

------ *Schwierigkeitsgrad: einfach/mittel* ------

Madonna einen typischen Stil nachzusagen, stünde im Widerspruch zu ihrem Wesen, das ja gerade im ständigen Imagewandel liegt. Dennoch verkörpert das hier abgebildete Outfit - ein Hochzeitskleid mit Korsage, aufgepeppt mit Spitzenhandschuhen, jeder Menge Perlen, Ketten und Kruzifixen und einem Gürtel mit der Aufschrift »Boy Toy« (»Jungsspielzeug«) für die unübersehbare ironische Schockwirkung - in Perfektion das Image, mit dem Madonna Mitte der 1980er die Welt im Sturm eroberte. Sie selbst hielt sich nicht für hübsch und versuchte daher, auf andere Weise Sexappeal auszustrahlen, indem sie Grenzen überschritt und die Konservativen provozierte. (Als selbsternannte »gefallene Katholikin« betrachtete sie Spiritualität und Sexualität als untrennbar miteinander verwoben und verärgerte viele mit ihrer gewagten Kombination aus aufreizenden Kleidern und religiösen Accessoires.) Mit ihrem einnehmenden Gesicht, der provokativen Persönlichkeit und dem extrem aufreizenden Modestil veränderte Madonna das Erscheinungsbild der Mode in den 1980ern und 1990ern, brachte umgehend eine Madonna-Modelinie heraus (in ihren Worten: »Sportbekleidung für Sexbomben«) und inspirierte junge Mädchen dazu, dem Madonna-Look nachzueifern (damals »Flash Trash« - »Glitzermüll« - genannt), zu dem über Röcken getragene Unterwäsche, billiger, kitschiger Modeschmuck, weite T-Shirts, Spitze und Dessous gehörten - und natürlich eine ordentliche Portion Rotzigkeit.

Die Nähte eines Korsetts waren der Ausgangspunkt für diesen Entwurf, der sich in schönster Madonna-Manier endlos neu interpretieren lässt. Die verschiedenen Elemente der beiden Varianten können Sie ganz nach Lust und Laune kombinieren.

Das Originalkleid zeigt am Oberteil viel Spitze im Stil von »Like a Virgin«. Je mehr Tüll Sie unter den Rock nähen, desto voluminöser wird er. Wenn Sie keinen klassischen »Boy Toy«-Gürtel finden können, tut es auch ein breites Gummiband mit einer hübschen Spange.

Die »Vogue«-Variante entsteht durch das Aufsteppen von Charmeuse auf den Trikot-Grundstoff vor dem Zuschneiden. Das Schnittmuster ist inspiriert von der berühmten Korsage mit den Kegelkörbchen, die Jean Paul Gaultier entwarf. Der Rock aus Trikotstoff oder Seide wird an das Oberteil angenäht.

Wenn Ihnen der Look aus Susan – verzweifelt gesucht *eher zusagt, lassen Sie Seide und Spitze weg und nähen Sie das Kleid ganz aus Trikotstoff – aber vergessen Sie auf keinen Fall die Accessoires!*

{vorn}

{Variation}

{Variation}

STOFFVORSCHLÄGE

4-Wege-Stretchstoff, kombiniert entweder mit elastischer Spitze oder Charmeuse. Tüll für den Petticoat.

--- MASSE ---

Trikot: 1,3 m (150 cm breit)
Variation mit Spitze: elastische Spitze: 90 cm (115 cm breit)
Tüll: 1,3 m (150 cm breit)
Variation mit Durchbruch in Seide: Charmeuse: 50 cm (155 cm breit)

--- KURZWAREN ---

passendes Garn
Besatz, 1,6 cm breit, zum Akzentuieren der Oberteilnähte und als Träger: 1,6 m (optional)

SCHNITTBILD FÜR DIE EINZELNEN TEILE

1 Oberteil, Mitte vorn
2 Oberteil, Seite vorn
3 Körbchen
4 Oberteil, Mitte hinten
5 Oberteil, Seite hinten
6 Träger
7 Rock

NÄHANLEITUNG

Alle Nahtzugaben betragen 1,6 cm, sofern nicht anders angegeben. Für alle Nähte einen Stretchstich (s. S. 143) an der Maschine einstellen, sofern nicht anders angegeben.

1. Alle Schnittteile nach dem Schnittbild aus dem Stoff zuschneiden. Bei der Variante mit Durchbruch in Seide auf die unterschiedlichen Fadenläufe an den Brustteilen achten.
2. Alle Punktmarkierungen durchschlagen oder mit Hilfe von Kopierpapier oder einer Ahle (s. S. 144) übertragen.

Variationen mit Durchbruch in Seide und mit elastischer Spitze

1. Kontraststoff (elastische Spitze oder Charmeuse) **rechts auf rechts** an die Kanten aller Oberteil-Schnittteile aus Trikotstoff heften (s. S. 138): Seiten vorn und hinten, Mitte vorn und hinten und Brust. Bei der Durchbruch-Variante gilt das nur für die vorderen Oberteil-Schnittteile: Seiten, Mitte und Brust. *{Abb. 1}*
2. Alle Naht- und Schnittlinien auf die **linke** Stoffseite übertragen.
3. Für die Durchbruch-Variante mit Zickzackstich auf der **linken** Stoffseite an den markierten Nahtlinien entlangnähen.
4. Nur die Charmeuse vorsichtig an den markierten Schnittlinien mit einer scharfen Stoffschere sauber und gleichmäßig einschneiden. Zum leichteren Schneiden die Heftstiche entfernen. *{Abb. 2}*

OBERTEIL NÄHEN

1. Oberteil-Schnittteile nach Außenseite und Futterseite trennen. In jedem Stapel befindet sich jedes Schnittteil in doppelter Ausführung. Schritt 2 bis 6 beziehen sich auf die Außenteile. Diese Schritte für die Futterseite wiederholen.
2. Vorderes Mittelteil **rechts auf rechts** an das vordere Seitenteil nähen, dabei Knipse aufeinander ausrichten. Nahtzugaben auseinanderbügeln. Auf der anderen Seite ebenso verfahren. *{Abb. 3}*
3. Vordere Mittelteile **rechts auf rechts** zusammennähen. Nahtzugaben auseinanderbügeln. Bei der Durchbruch-Variante dabei Naht- und Schnittlinien der Charmeuse aufeinander ausrichten. *{Abb. 4}*
4. Hinteres Mittelteil **rechts auf rechts** an das hintere Seitenteil nähen. Nahtzugaben auseinanderbügeln. Auf der anderen Seite ebenso verfahren. *{Abb. 5}*
5. Hintere Mittelteile **rechts auf rechts** zusammennähen, dabei die Knipse aufeinander ausrichten. Nahtzugaben auseinanderbügeln. Auf der anderen Seite ebenso verfahren. *{Abb. 6}*

Falls verwendet, Ösenband oder anderen dekorativen Nahtbesatz so ansteppen, dass sich keine Metallelemente auf den Nahtzugaben befinden.

6. Vorderes und hinteres Oberteil **rechts auf rechts** legen und Seitennaht schließen. Nahtzugaben auseinanderbügeln. Auf der anderen Seite ebenso verfahren *{Abb. 7}*

Für die Futterseite Schritt 2 bis 6 wiederholen.

{Abb. 1}

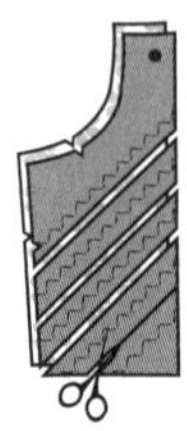

{Abb. 2}

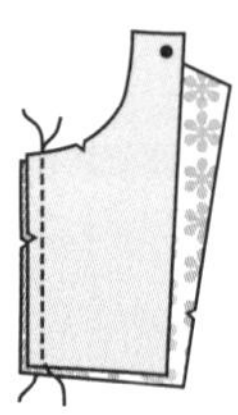

{Abb. 3}

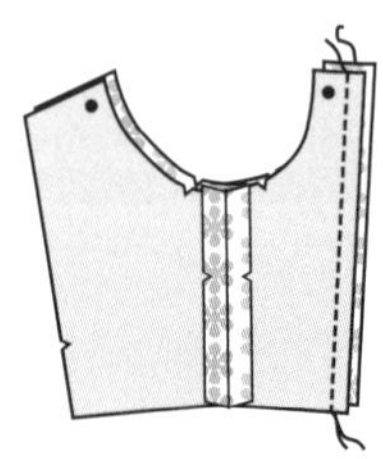

{Abb. 4}

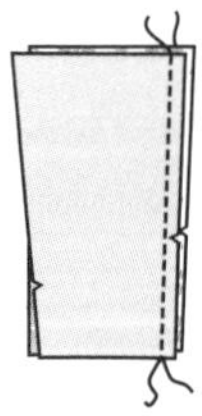

{Abb. 5}

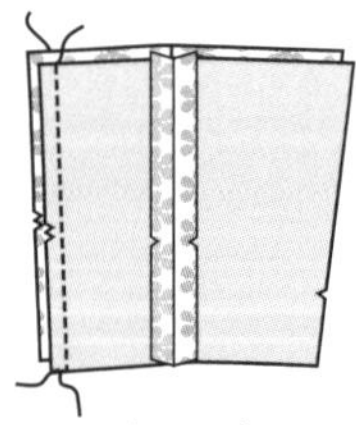

{Abb. 6}

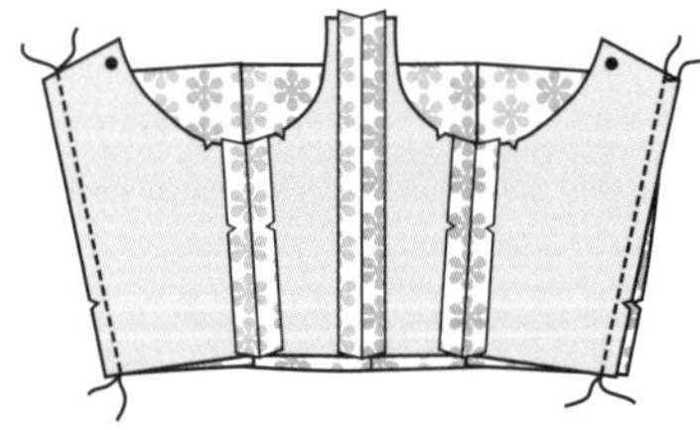

{Abb. 7}

KÖRBCHEN

Bei Verwendung von Ösenband oder anderem Besatz für den Träger die Länge nach dem Träger-Schnittteil bestimmen und Schritt 1 überspringen.

1. Träger entlang dem Längsfaden so falten, dass die **rechten** Seiten aufeinanderliegen. Die lange Seite mit 6 mm Nahtzugabe schließen. Auf **rechts** wenden. Mit dem anderen Träger ebenso verfahren. *{Abb. 8}*

Tipp: Zum Wenden der Träger einen Streifenwender (s. S. 144) oder eine Sicherheitsnadel verwenden.

2. Träger am mittleren Knips an das Körbchen nähen, dabei die freien Schnittkanten aufeinander ausrichten. Auf der anderen Seite ebenso verfahren. *{Abb. 9}*
3. Die Futterteile nacheinander **rechts auf rechts** zwischen den Knipsen auf beiden Seiten des Trägers an das Körbchen (mit oder ohne Kontraststoff) nähen. Die Nahtzugaben zurückschneiden, einknipsen (s. S. 139) und auseinanderbügeln. Auf **rechts** wenden und die vernähte Kante mit Zickzack- oder Stretchstich absteppen. Auf der anderen Seite ebenso verfahren. *{Abb. 10}*
4. Zwischen den unteren beiden Knipsen am Körbchen 2 Reihen Heftstiche (s. S. 138) setzen. Auf der anderen Seite ebenso verfahren. *{Abb. 11}*
5. Das Körbchen kräuseln (s. S. 140) und auf die Knipse am vorderen Oberteil ausrichten. Auf der anderen Seite ebenso verfahren. *{Abb. 12}*

{Abb. 8}

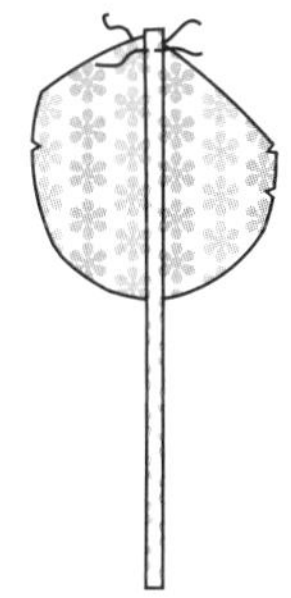

{Abb. 9}

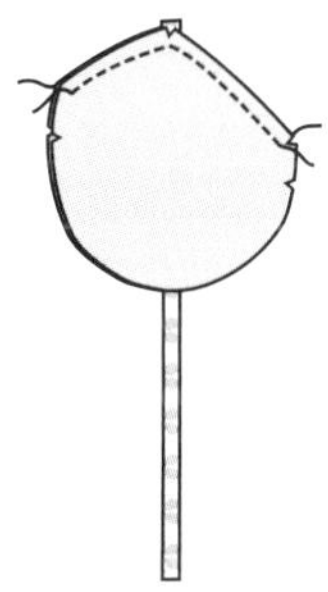

{Abb. 10}

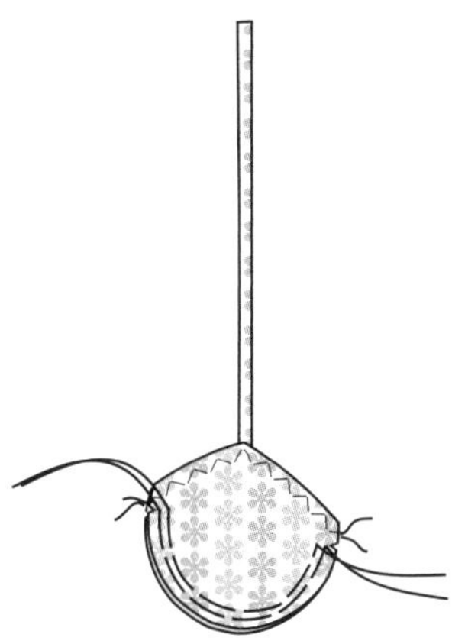

{Abb. 11}

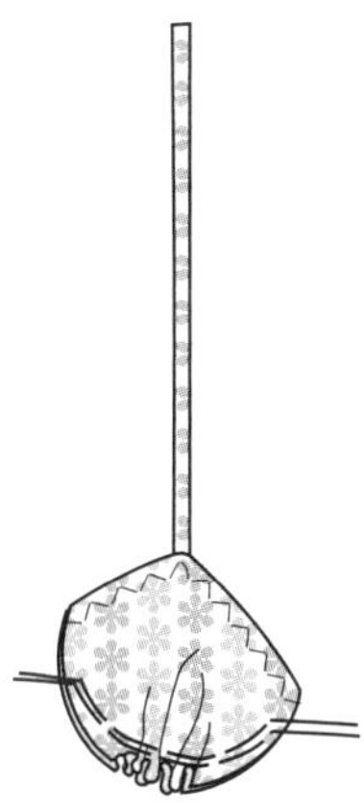

{Abb. 12}

KÖRBCHEN AN OBERTEIL NÄHEN

1. Die Außenseiten von Körbchen und vorderem Oberteil **rechts auf rechts** aufeinanderlegen, dabei die versäuberten Körbchenkanten auf die Punktmarkierungen und Knipse am Oberteil ausrichten. Die Kräuselfalten gleichmäßig verteilen. Die gegenläufigen Kurven sorgfältig zusammensteppen. Heftstiche entfernen. Mit dem zweiten Körbchen ebenso verfahren. *{Abb. 13}*
2. Den Träger **rechts auf rechts** an die Naht zwischen Mittel- und Seitenteil des Rückenteils legen und die freien Schnittkanten aufeinander ausrichten. Dabei darauf achten, dass der Träger nicht verdreht ist. Mit Stütznaht (s. S. 142) festheften. Teilweise zusammengesetztes Oberteil anprobieren und den Sitz nach Bedarf korrigieren.
3. Die Oberteil-Futterseite **rechts auf rechts** auf die Oberteil-Außenseite legen und die Oberkanten aufeinander ausrichten; die Körbchen liegen zwischen der Futter- und der Außenseite. Von einer Seitennaht aus sorgfältig um die Körbchen herum zusammensteppen, dabei die Nährichtung an den Punktmarkierungen ändern. Auf diese Weise an der gesamten Oberteilkante entlangnähen, bis sich die Stiche überlappen. Dabei an den Körbchennähten auf der **linken** Stoffseite der Oberteil-Außenseite orientieren. Nahtzugaben zurückschneiden und einknipsen. Auf **rechts** wenden und bügeln. *{Abb. 14}*

Tipp: Die Träger fern der Nahtlinie feststecken, damit sie nicht versehentlich mit angenäht werden.

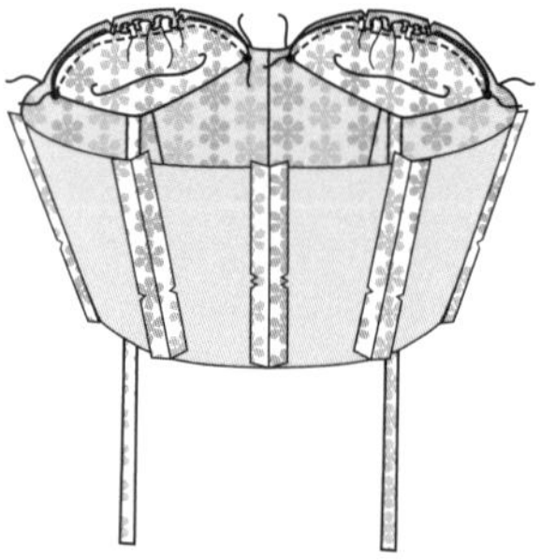

{Abb. 13}

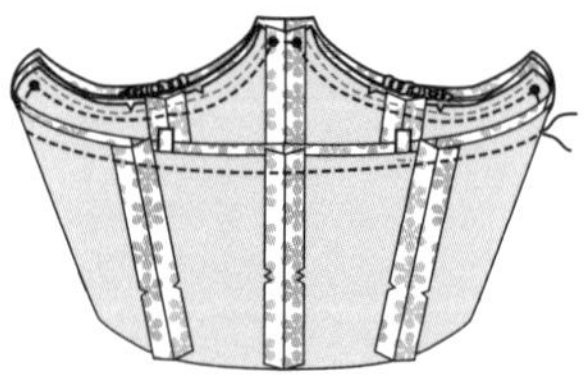

{Abb. 14}

ROCK

1. Eine Seitennaht am Rock **rechts auf rechts** schließen. Die Nahtzugaben auseinanderbügeln. Auf der anderen Seite ebenso verfahren. Für die Tüllvariante den Vorgang mit mehreren Tüllschichten wiederholen, bis das gewünschte Volumen erreicht ist. *{Abb. 15}*
2. An der Rockoberkante 2 Heftnähte setzen. Den Stoff so kräuseln, dass Seitennähte und Knipse auf die Seitennähte des Oberteils ausgerichtet sind. Für die Tüllvariante 2 Heftnähte durch Stoff und Tüll setzen. Die **rechte** Stoffseite liegt dabei oben. *{Abb. 16}*
3. Den Rock **rechts auf rechts** mit Zickzackstich an das Oberteil nähen. Heftnähte entfernen. *{Abb. 17}*

FERTIGSTELLEN

1. Die Tüllkanten brauchen nicht versäubert zu werden.
2. Den Saum 1,6 cm nach oben bügeln und mit der Zwillingsnadel (s. S. 143) absteppen.

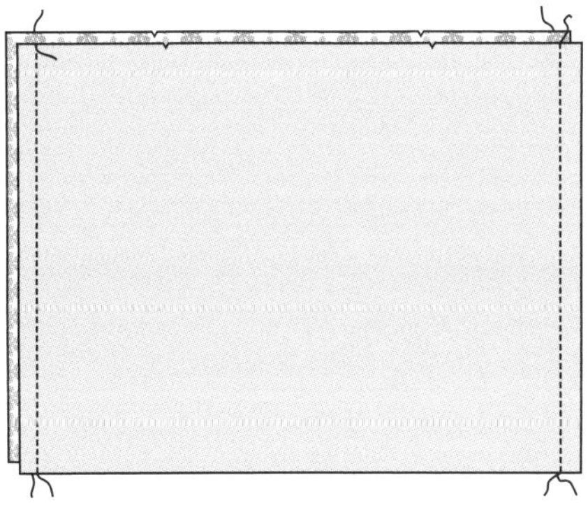

{Abb. 15}

{Abb. 16}

{Abb. 17}

BEGRIFFE, TECHNIKEN UND HILFSMITTEL

Rückwärtsnähen: Durch Rückwärtsnähen am Anfang und am Ende jeder Naht wird diese verriegelt. Nähen Sie 3 bis 5 Stiche vorwärts, dann 3 bis 5 Stiche rückwärts, dann wieder vorwärts; nähen Sie die Naht zu Ende und wiederholen Sie den Vorgang. Diese Technik verhindert, dass die Nähte sich lösen.

Heften: Langer Stich, der ohne Rückwärtsnähen von Hand oder mit der Maschine genäht wird. Heft- oder Vorstiche werden als Markierung, zum Kräuseln oder zum provisorischen Abstecken einer Naht verwendet. Sie lassen sich nach dem Schließen der Nähte leicht wieder entfernen.

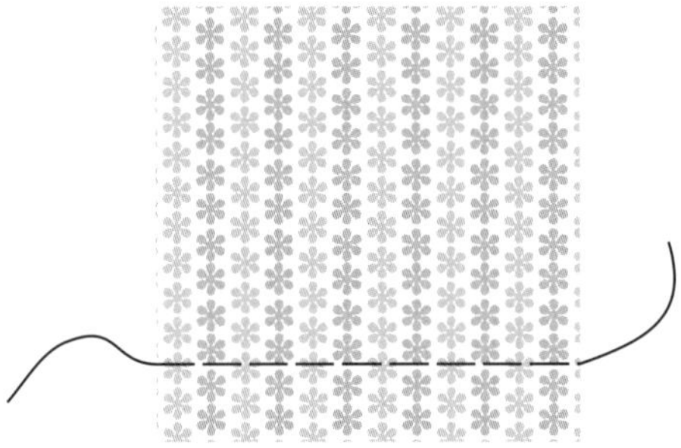

Heftstich

Schräger Fadenlauf: Wenn ein Stoff aus einem Schnittteil mit schrägem Fadenlauf zugeschnitten wird, verlaufen die vorhandenen Quer- und Längsfäden im 45-Grad-Winkel zur Schnittkante. So erlangt der Stoff die größtmögliche Dehnbarkeit und betont die Körperrundungen mit einem schönen Faltenwurf. Beim Arbeiten mit schräggeschnittenen Stoffen ist es wichtig, entlang der Schnittkante eine Stütznaht zu setzen, damit der Stoff sich nicht verzieht. Stecken Sie vor dem Nähen häufig und sorgfältig ab. Um gewellte Nähte zu vermeiden, den Stoff beim Nähen nicht ziehen oder dehnen, sondern die Maschine den Stoff unter dem Nähfuß wegziehen lassen.

Knopflöcher: Befolgen Sie die Anleitung Ihrer Nähmaschine, um sie korrekt für das Nähen von Knopflöchern einzustellen. Achten Sie stets darauf, dass der Stoff mit einer Einlage stabilisiert ist und dass die **rechte** Seite beim Nähen oben liegt. Tragen Sie nach dem Nähen des Knopflochs etwas Fransenstopp auf die **rechte** und die **linke** Stoffseite auf, damit die Ränder beim Aufschneiden nicht ausfransen. Dann schneiden Sie das Knopfloch vorsichtig mit der Fadenschere auf. Beginnen Sie dabei in der Mitte und schneiden Sie vorsichtig zu den Enden hin, dabei nicht über die Nähte hinaus schneiden. Nähen Sie stets ein Probeknopfloch in einen Rest des Originalstoffes mit Einlage, um sicherzugehen, dass die richtige Spannung für den jeweiligen Stoff und Faden eingestellt ist, und um zu überprüfen, ob der Knopf hindurchpasst.

Tunnelschlaufe: Stoffröhre zum Durchziehen eines Gummis oder einer Zugschnur. Hergestellt durch Umschlagen des Stoffes und Belassen einer Zugangsöffnung.

Knipse: Damit ein Ausschnitt oder Armloch flach liegt, muss zunächst die Nahtzugabe zurückgeschnitten und dann im rechten Winkel zur freien Schnittkante bis kurz vor die Nahtlinie eingeknipst werden, damit der Saum sich flach ausbreiten kann.

Punktmarkierungen: Kleine Kreise auf den Schnittteilen, die entscheidende Ausrichtungen zugeschnittener Stoffteile wie Taschen, Leisten oder Godets markieren. Sie zeigen auch Drehpunkte an Ecken an und können als Markierungen zur Positionierung weiterer Oberflächenelemente dienen.

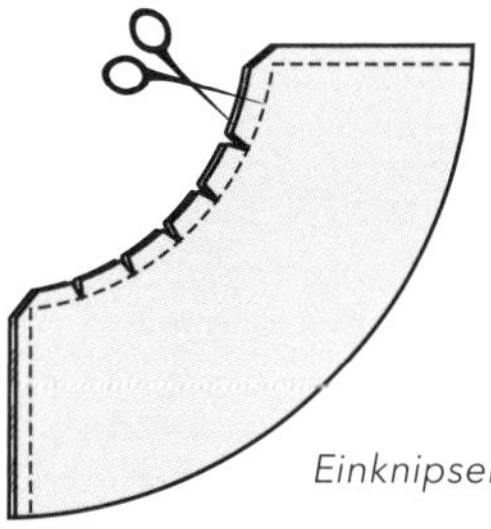

Einknipsen

Abnäher: Übertragen Sie alle Abnähermarkierungen mit Kopierpapier oder mittels Durchschlagen auf die **linke** Stoffseite. Beginnen Sie an der breitesten Stelle und nähen Sie auf die Spitze zu. Reduzieren Sie kurz vor der Spitze die Stichlänge an der Maschine und nähen Sie ohne Rückwärtsnähen über die Stoffkante hinaus. Lassen Sie die Fadenenden lang genug für einen Doppelknoten.

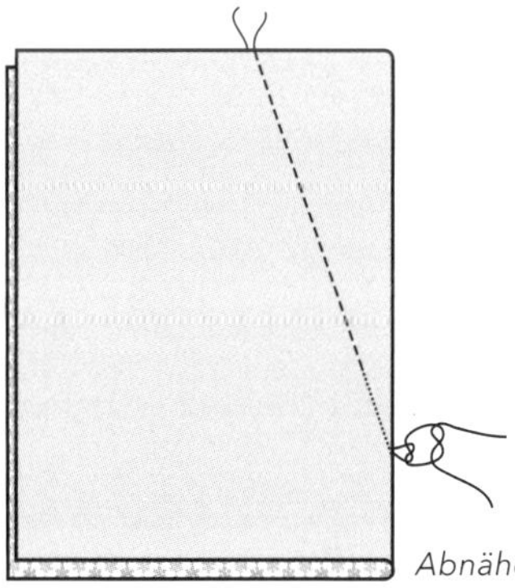

Abnäher

Kantenstich: Wird in der Regel mit einem Geradstich ausgeführt, um Stoffschichten zusammenzuhalten und Säume flach zu legen. Der Kantenstich kommt häufig an Taschen zum Einsatz und bezieht sich normalerweise auf eine Naht, die höchstens 3 mm von der versäuberten Kante oder dem Saum entfernt ist.

Saumversäuberung: Es gibt mehrere Methoden, Säume zu versäubern, dies sind nur einige Beispiele:

1. **Rollsaum:** Ergibt einen schmalen Saum, der sich gut für viele zarte, leichte Stoffe eignet. Befestigen Sie den Rollsaumfuß nach der Bedienungsanleitung Ihrer Nähmaschine. Schlagen Sie die Kante des zu säumenden Stoffs auf den ersten 5 cm Saum einmal 3 mm auf die linke Seite um und dann noch einmal 3 mm. Schieben Sie die zusammengedrückte Kante unter den Nähfuß, halten Sie die Fadenenden nach hinten und beginnen Sie mit dem Nähen.
2. **Einfacher Saum:** Schlagen Sie die Saumzugabe einmal um und steppen Sie sie fest. Bei diesem Saum liegt die uneingefasste Kante frei und sollte daher am besten vorher versäubert werden. Gut geeignet für Trikotstoffe, vor allem, wenn er mit einer Zwillingsnadel ausgeführt wird.
3. **Doppelter Saum:** Schlagen Sie die Saumzugabe zweimal um und steppen Sie sie fest.
4. **Rollsaum mit Überwendlichstich:** Stellen Sie Ihre Overlock-Maschine nach der Bedienungsanleitung ein. Richten Sie den Stoff so zu, dass der Saum auf die gewünschte Länge ohne Nahtzugabe gekürzt und die unversäuberten Kanten sauber abgeschnitten sind. Die Fäden umwickeln den Rollsaum fest und erzeugen einen zarten, aber sicher versäuberten Saum.

Kräuseln: Setzen Sie zwei parallele Heftnähte, eine innerhalb der Nahtzugabe und 12 mm neben der Kante, die andere 2 cm von der Kante entfernt. Halten Sie die beiden Unterfäden (einen pro Naht) fest und ziehen Sie vorsichtig daran, bis sich im Stoff Fältchen bilden. In den meisten Fällen ist es besser, zwei Nähte statt einer zu setzen, damit die Krause stabiler ist. Nach dem Steppen der Kräuselnaht entfernen Sie die Heftstiche vorsichtig mit dem Trennmesser.

Rollsaum

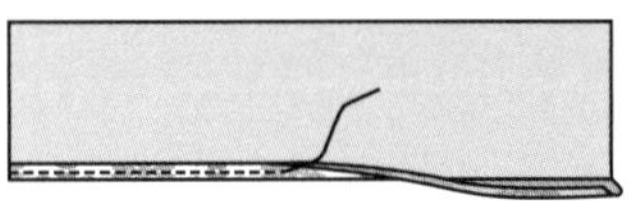

Einfacher Saum

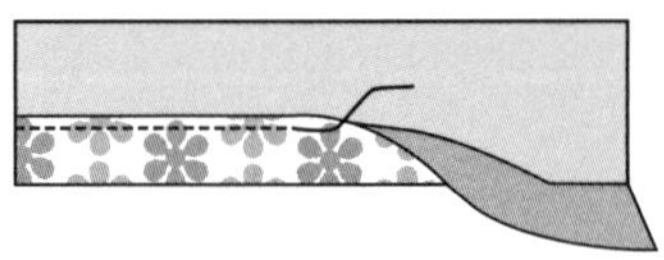

Doppelter Saum

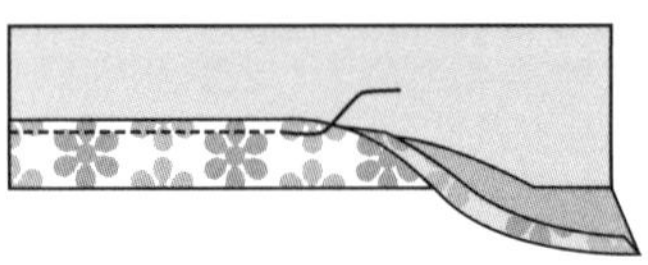

Rollsaum mit Überwendlichstich

Verdeckten Reißverschluss einnähen:

1. Die **linke** Seite der Nahtzugabe über die Länge des Reißverschlusses mit einer 3,2 cm breiten aufbügelbaren Vlieseinlage verstärken. *{Abb. 1}*
2. Die Reißverschlusszähnchen mit geringer Hitze flach bügeln.
3. Mit dem Kreiderad oder einem Textilmarker 3 mm neben der freien Schnittkante eine Linie zwischen dem Halsausschnitt und den doppelten Einschnitten an der Rückenmittelnaht des Kleidungsstücks ziehen.
4. Die **rechten** Stoffseiten aufeinander und den offenen Reißverschluss auf das Kleidungsstück legen. Die oberen Zähnchen des Reißverschlusses auf die Rückenmittelnaht an der Stelle ausrichten, wo sie auf den Beleg trifft, und den Rand des Reißverschlussbandes auf die in Schritt 3 gezogene Linie. Den Reißverschluss mit der Maschine oder von Hand festheften. *{Abb. 2}*
5. Die Nadelposition nach der Anleitung für Ihre Maschine anpassen und den Reißverschluss mit dem Reißverschlussfuß so nahe wie möglich an den Zähnchen feststeppen, ohne dabei auf den Zähnchen

zu nähen. Dabei von oben nach unten so nahe wie möglich an den Schieber herannähen und gleichzeitig den richtigen Abstand von den Zähnchen und der Nahtzugabe halten.

6. Schritte 4 und 5 auf der anderen Seite wiederholen. Darauf achten, dass die Nähte auf beiden Seiten aufeinander ausgerichtet sind und dass der Reißverschluss sich nicht verdreht. *{Abb. 3}*
7. Den Reißverschluss schließen und von den doppelten Einschnitten in der Rückenmittelnaht so bis zum Saum oder zur Punktmarkierung für die Schlitzöffnung steppen, dass sich die Reißverschlussnahtlinien leicht überlappen. *{Abb. 4}*
8. Den Halsbeleg so über das Kleidungsstück schlagen, dass die **rechten** Seiten aufeinanderliegen, dabei die freie Schnittkante auf das Reißverschlussband ausrichten. Innerhalb der Nahtzugabe über die Länge des Belegs steppen. Die **rechte** Seite nach außen wenden und den Besatz dabei auf die **linke** Seite des Kleidungsstücks verstürzen. *{Abb. 5}*

Einnähen eines Reißverschlusses

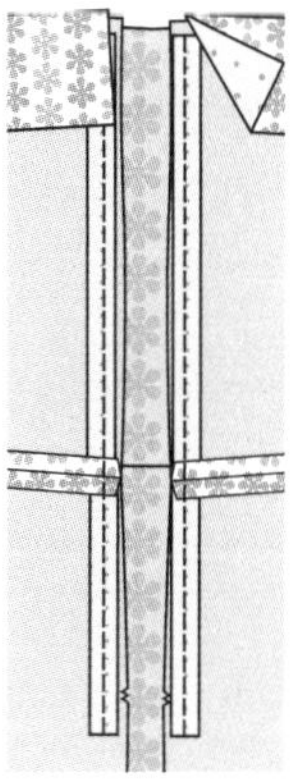

{Abb. 1}

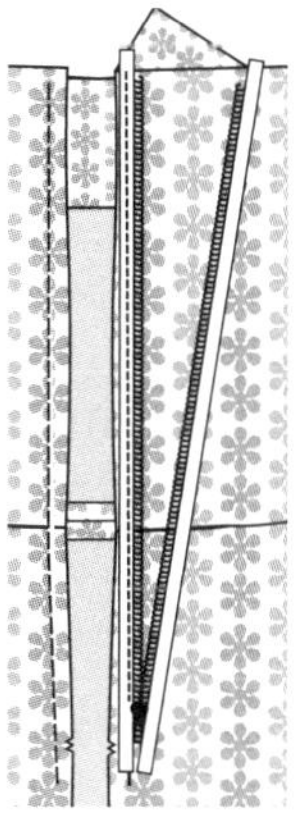

{Abb. 2}

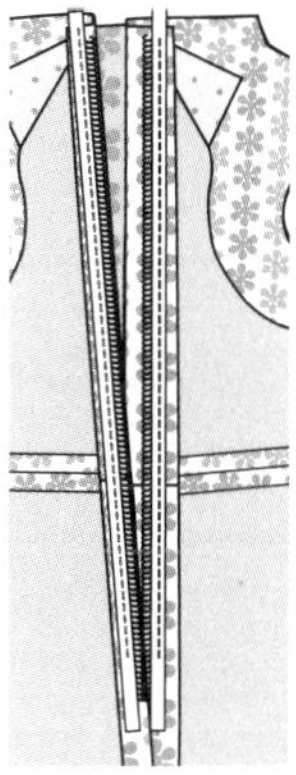

{Abb. 3}

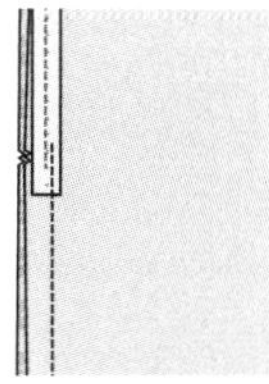

{Abb. 4}

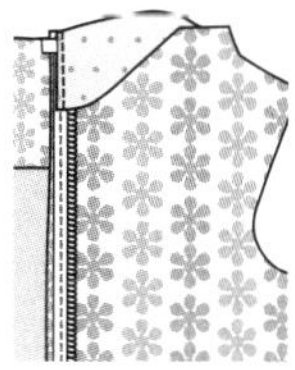

{Abb. 5}

Einlagen festbügeln: Achten Sie vor dem Aufbügeln darauf, dass der Stoff glatt gebügelt ist. Zum Schutz des Bügelbretts einen Stoffrest unterlegen. Die Bügeleinlage mit der rauhen (Klebe-)Seite nach oben auf das Bügelbrett legen und den Stoff mit der linken Seite nach unten darauf plazieren. Das Bügeleisen auf den verwendeten Stoff einstellen, ein Bügeltuch auflegen und das Bügeleisen zehn Sekunden auf die Einlage drücken; anschließend das Bügeleisen so versetzen, dass sich die alte und die neue Position leicht überlappen. Diesen Vorgang so oft wiederholen, bis die Einlage vollständig mit dem Stoff verbunden ist. Den Stoff abkühlen lassen, damit sich die Haftung stabilisieren kann.

Bügeleinlage: Zur Stabilisierung und Strukturierung bestimmter Teile des Kleidungsstücks verwendet. In diesem Buch werden durchgehend leichte Vlieseinlagen verwendet. In den Anweisungen ist angegeben, welche Schnittteile verstärkt werden müssen.

Zwischenfutter: Stoffschicht, gewöhnlich aus Flanell, Baumwollbatist oder Seidenorganza, die als Verstärkung und für besseren Halt zwischen Ober- und Futterstoff genäht wird. Hilft auch beim Verarbeiten von hauchdünnen Stoffen.

Knipse: Kleine Dreiecke an den Konturen von Schnittteilen, die 6 mm nach innen ragen. Knipsen Sie beim Zuschneiden diese Keile genau bis zur Spitze ein; bei zwei Knipsen nebeneinander beide einschneiden. Schneiden Sie niemals tiefer als bis zur Spitze, weil dies zu einem Loch in der Nahtlinie führt. Knipse werden zum Ausrichten von Schnittteilen an Nahtlinien verwendet.

Nährichtung ändern: Bis zur Ecke steppen und vor der Nahtzugabe anhalten. Die Nadel in den Stoff senken, den Nähfuß anheben und den Stoff nach vorn drehen. Wenn die neue Kante mit der Nahtzugabemarkierung übereinstimmt, den Nähfuß senken und weitersteppen. Wenn nicht, einige Zusatzstiche mit dem Handrad vornehmen, ***nicht*** mit dem Fußpedal. Den Stoff am besten dann drehen, wenn die Stoffkante näher kommt, aber noch nicht die Vorderkante des Nähfußes passiert hat.

Rechte/linke Seite: Die **rechte** Stoffseite ist die Seite, die an der Außenseite des Kleidungsstücks zu sehen sein soll. Die **linke** Seite ist die zum Körper zeigende Innenseite.

Nahtzugabe: Abstand zwischen der unversäuberten Kante des geschnittenen Stoffs und der Nahtlinie, die beim Steppen entsteht. Messen Sie stets von der Nadel zur rechten Seite des Nähfußes. Verwenden Sie Abdeckband oder eine magnetische Saumhilfe zur korrekten Abstandmarkierung.

Versäubern: Es gibt mehrere Methoden zum Versäubern von Nähten. Hier einige Beispiele:
1. **Overlock-Maschine:** Schneidet überstehende Fäden und Stoff ab, während sie die Stoffkanten mit einem Überwendlichstich versäubert. Achten Sie darauf, nicht über die Nahtzugabe hinaus zu schneiden.
2. **Auszacken:** Eine spezielle Zackenschere schneidet die Stoffkante zickzackförmig ab, um das Ausfransen zu minimieren.
3. **Zickzackstich:** Das schönste Ergebnis erhalten Sie, wenn Sie die Stoffkante mit dem Versäuberungsfuß und Zickzack- oder Überwendlichstichen versäubern. Befolgen Sie dazu die entsprechende Anleitung Ihrer Nähmaschine.

Overlock

Auszacken

Zickzackstich

Stütznaht: Naht knapp innerhalb der Nahtzugabe, die das Dehnen oder Verziehen von Teilen des Kleidungsstücks beim Verarbeiten verhindert. Wird meist nur auf eine Stofflage gesetzt. Besonders nützlich an Halsausschnitten, Armlöchern, geschwungenen Säumen und bei schräggeschnittenem Stoff.

Nahtschatten: Das Steppen im Nahtschatten verhindert, dass Besatz oder Futter auf die rechte Seite des Kleidungsstücks rollt. Steppen Sie von **rechts** durch Besatz und Stoff genau in der Naht, so dass die Nahtlinie fast unsichtbar ist. Verwenden Sie am besten Garn in der Stofffarbe oder eine Nuance dunkler.

Steppen im Nahtschatten

Stretchstich: Wenn Sie Trikotstoff mit der Nähmaschine (nicht mit der Overlock-Maschine) nähen, müssen Sie einen Stretchstich einstellen, damit sich die Nähte mit dem Stoff dehnen. Er sieht aus wie ein Geradstich, ist aber leicht dehnbar. An den meisten modernen Nähmaschinen gibt es drei Stretchstiche: den einfachen Zickzackstich, meist in einer Stichlänge und -breite von 2–3, den geraden Stretchstich, der aussieht wie eine Dreifachnaht, und den Mehrfach-Zickzackstich, der aus einer Reihe kleiner Stiche in Zickzackform besteht (siehe Schaubild). Wenn Sie zum ersten Mal mit Trikotstoff arbeiten, beginnen Sie am besten mit dem einfachen Zickzackstich, weil er am problemlosesten wieder aufzutrennen ist.

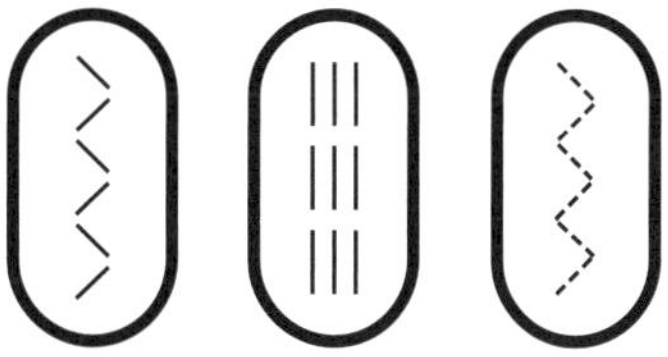

Stretchstich

Steppstich: Im Allgemeinen ein Geradstich zum Zusammenhalten von Stoffschichten und Flachlegen von Säumen. Die Naht befindet sich in der Regel 6 mm neben der versäuberten Kante oder dem Saum.

Nahtzugaben zurückschneiden: Damit Halsausschnitt oder Armloch flach liegen, wird die Nahtzugabe auf 6 mm zurückgeschnitten und zusätzlich oft noch eingeknipst. Auch an genähten Ecken wird fast die gesamte Nahtzugabe diagonal zurückgeschnitten, damit sie nach dem Wenden flach liegt.

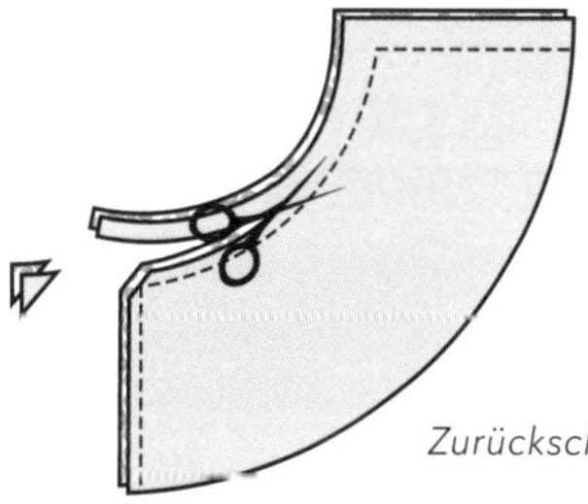

Zurückschneiden

Zwillingsnadel: Erzeugt zwei parallele Nahtlinien, häufig am Ärmel- oder Rocksaum. Eignet sich besonders für Trikotstoffe. Nähen Sie den Stoff mit der rechten Seite nach oben und verringern Sie die Fadenspannung an der Nähmaschine. Überprüfen Sie Spannung und Dehnbarkeit der Naht vorher an einem Stoffrest. Hinweise zu Einstellungen und Einfädeln finden Sie in der Anleitung Ihrer Nähmaschine.

Untersteppen: Die Nahtzugabe zum Besatz oder Futter hin bügeln. Von der rechten Seite aus möglichst nahe am Saum durch Besatz bzw. Futter und Nahtzugabe steppen. Durch das Untersteppen bleiben Besatz und Futter auf der Innenseite des Kleidungsstücks.

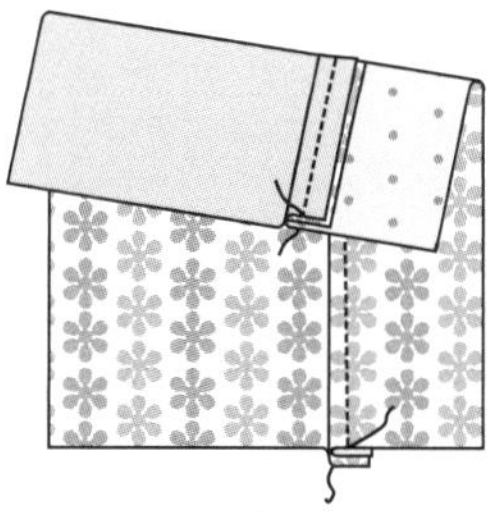

Untersteppen

HILFSMITTEL

Ahle: Scharfes Werkzeug zum Stechen kleiner Löcher in den Stoff beim Übertragen von Punktmarkierungen im Schnittmuster. *{Abb. 1}*

Wendehilfe: Stumpfer Stab zum Herausdrücken von Stoff aus Innenecken oder Abnähern, damit diese schön spitz ausfallen. Verwenden Sie NIEMALS eine Schere als Wendehilfe! *{Abb. 2}*

Streifenwender: Zum Wenden von röhrenförmigen Stoffteilen wie Trägern. *{Abb. 3}*

Bügeltuch: Zum Schutz von Bügeleisen und Stoff vor Hitzeschäden und dem Klebstoff von Bügeleinlagen. Gewebte Baumwolle oder Seidenorganza eignen sich gut. *{Abb. 4}*

Lineal: Wir benutzen beim Nähen am liebsten ein durchsichtiges Lineal mit Gittermuster, 5 cm breit und 45 cm lang. Bestens geeignet zum Überprüfen von Nahtzugaben und zum Übertragen von Schnittmustern. *{Abb. 5}*

Kopierpapier: Überträgt mit Hilfe eines Kopierrads Nahtlinien, Bruchkanten und andere Positionsmarkierungen auf die linke Stoffseite. Wird auch Schneiderpapier genannt und besteht meist aus Papier mit einer Wachs- oder Kreidebeschichtung, ähnlich wie Durchschlagpapier. Testen Sie immer erst, ob sich die Spuren aus dem verwendeten Stoff auswaschen lassen. *{Abb. 6}*

Kopierrad: Hinterlässt beim Abpausen eines Schnittmusters eine Perforationslinie auf dem Papier. Wird auch zusammen mit Kopierpapier verwendet, um Markierungen für Leisten, Abnäher, Taschen etc. vom Schnittmuster auf die linke Stoffseite zu übertragen. *{Abb. 7}*

{Abb. 1}

{Abb. 2}

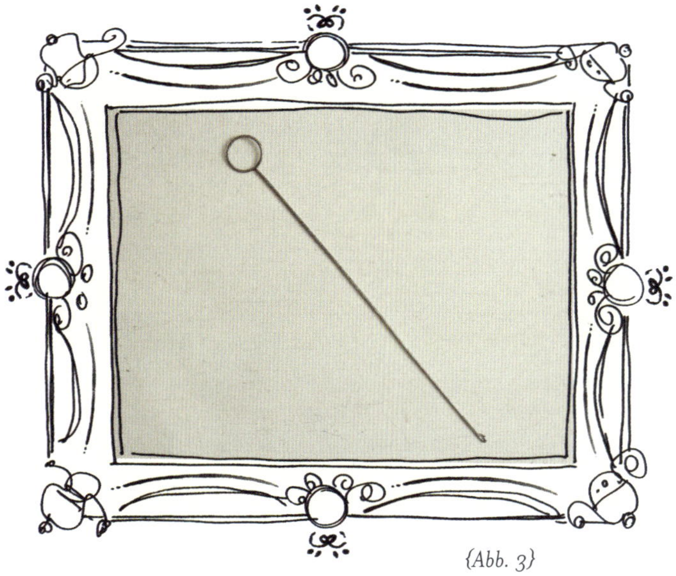

{Abb. 3}

{Abb. 4}

{Abb. 5}

{Abb. 6}

{Abb. 7}

BEZUGSQUELLEN

STOFFE, VERZIERUNGEN UND KURZWAREN

B BLACK AND SONS
Das Wollparadies im Herzen von LAs Klamottenviertel hat auch tolles Nähzubehör. Onlinebestellung möglich.
www.bblackandsons.com

B&J FABRICS
Auch hier können Sie online bestellen - beachten Sie jedoch, dass die internationalen Versandkosten rund 77 Dollar betragen.
www.bandjfabrics.com

DAWANDA
Stoffe, Schnittmuster, Vintage-Mode, Kurzwaren und vieles mehr.
de.dawanda.com

DENVER FABRICS
Onlinebestellung möglich.
www.denverfabrics.com

DPI
Hier können Sie Stoff nach Ihren Wünschen bedrucken lassen.
645 Mariposa Street
San Francisco, CA 94107
415 407-1919
www.dpi-sf.com

eBAY
Mit etwas Glück finden Sie hier alte Originalstoffe als Meterware.
www.ebay.de

ETSY
Hier gibt es einfach alles - von alten Original-Schnittmustern bis zu Verzierungen verschiedener Hersteller.
www.etsy.com

FADENVERSAND.DE
Garne, Kurzwaren und Zubehör.
www.fadenversand.de

FLOHMÄRKTE
Tolle Quelle für Originalstoffe, authentische Kleidungsstücke und Accessoires.
Sicher auch in Ihrer Nähe!

FRAU TULPES ONLINESHOP
Stoffe und Accessoires.
www.frautulpe.de

GEWAND & TAND
Stoffe, Borten, Perlen und mehr.
www.gewandundtand.de

GOLDEN SILKS
www.goldensilks.net

IKEA
Ja, Ikea hat einfach alles, auch Meterware.
www.ikea.com/de/

KUNST UND MARKT
Stoffe, Garne, Vliese und Zubehör.
www.kunstundmarkt.com

M&J TRIMMING
Fransen und Federn sowie Tausende anderer Besatzideen. Onlinebestellung möglich, Versandgebühren nach Deutschland ab 43,18 Dollar, nach Österreich ab 53,81 Dollar, kein Versand in die Schweiz.
www.mjtrim.com

PAILLETTENSHOP.DE
Pailletten, Borten, Fransen, Spitze und mehr.
www.paillettenshop.de

PURL PATCHWORK
Onlinebestellung möglich, internationale Versandgebühren ab 14 Dollar.
www.purlsoho.com

QUILT & TEXTILKUNST
Stoffe, Garne, Vliese und Zubehör.
www.quiltundtextilkunst.de

QUILTZAUBEREI.DE
Garne, Vliese und Zubehör.
www.quiltzauberei.de

RETROSTOFFE.DE
Große Auswahl an Stoffen in Retromustern.
www.retrostoffe.de

SECONDHANDGESCHÄFTE
In Secondhandläden warten viele Schätze auf ihre Entdeckung - Schnittmuster, Mode und Accessoires aus der guten alten Zeit.
Gehen Sie in Ihrer Stadt auf Schatzsuche!

SEW, MAMA, SEW!
Onlinebestellung möglich, internationale Versandgebühren ab 5,75 Dollar.
www.sewmamasew.com

SEWZANNE'S FABRICS
Große Auswahl an Falzgummis und Trikotstoffen für Kinderbekleidung, Onlinebestellung möglich.
www.sewzannesfabrics.com

SPOONFLOWER
Hier können Sie Stoff nach Ihren eigenen Entwürfen bedrucken lassen oder bedruckte Stoffe anderer Künstler kaufen.
www.spoonflower.com

STOFF4YOU
Stoffe und Zubehör.
www.stoff4you.de

STOFFCORNER
Stoffe, Kurzwaren und Zubehör.
www.stoffcorner.com

STOFFEKONTOR
Stoffe, Zubehör, Utensilien, Bücher und vieles mehr.
www.stoffekontor.de

STOFFEXPRESS.DE
Karnevalsstoffe, Bänder, Tüll, Spitze und mehr.
www.stoffexpress.de

STOFFPROFI.DE
Stoffe, Retrostoffe, Zubehör.
www.stoffprofi.de

STOFFE-ZANDERINO.DE
Internationale Designerstoffe und Accessoires.
www.stoffe-zanderino.de

SUE'S QUILT SHOP
Stoffe, Vliese und Zubehör.
www.suesquiltshop.de

THAI SILKS
Onlinebestellung möglich.
www.thaisilks.com

THE SEWING PLACE
Tolle Auswahl an Bügeleinlagen und Kurzwaren, Onlinebestellung möglich.
www.thesewingplace.com

TWINS' GARDEN
Stoffe von zeitgenössischen Textildesignerinnen.
www.twinsgarden.de

URBAN BURP
Seltene Originalstoffe und nachgefertigte Stoffe, Onlinebestellung möglich.
www.urbanburp.com

VLIESELINE
Ausführliche Produktinformationen und Händlersuche auf der Website.
www.vlieseline.de

VOLKSFADEN
Baumwollstoffe in knalligen Farben und Mustern von zeitgenössischen Designerinnen.
www.volksfaden.de

VOGUE FABRICS
Onlinebestellung möglich, internationale Versandkosten ca. 30 Dollar.
www.voguefabricsstore.com

ZIPPERSTOP/A. FEIBUSCH CORP.
Onlinebestellung möglich, internationale Versandkosten ab 4,95 Dollar.
www.zipperstop.com

BLOGS

FAMOUS FROCKS (STILIKONEN)
Sie sehen richtig: ein Blog rund um dieses Buch. Wir freuen uns auf Ihre Interpretationen unserer Kleider!
www.famousfrocks.com

A DRESS A DAY
www.dressaday.com/

ALICIA PAULSEN
www.rosylittlethings.typepad.com/posie_gets_cozy

ANNA MARIE HORNER
www.annamariahorner.blogspot.com/

ANGRY CHICKEN
www.angrychicken.typepad.com/angry_chicken/

BLOESEM
www.bloesem.blogs.com/

BURDA STYLE
www.burdastyle.com

COLETTE PATTERNS
www.colettepatterns.com/blog

DESIGNSPONGE
www.designspongeonline.com/

GERTIES NEW BLOG FOR BETTER SEWING
www.blogforbettersewing.com/

LENA CORWIN
blog.lenacorwin.com/

PATTERN REVIEW
www.sewing.patternreview.com/

PRINT AND PATTERN
www.printpattern.blogspot.com/

PURL BEE
www.purlbee.com

THE SATORIALIST
www.thesartorialist.blogspot.com/

SEW MAMA SEW
www.sewmamasew.com/blog2/

SOULEMAMA
www.soulemama.com/

UNIFORM STUDIO
www.uniformnatural.com/blog/

EMPFOHLENE LITERATUR

BARNDEN, BETTY: BASISBUCH STRICKEN.
Knaur, München 2008

BRINKMANN, ANJA: ALLES, WAS FRÄULEIN SO BRAUCHT.
25 feine Nähprojekte.
Knaur, München 2010

BRINKMANN, ANJA: SOMMER, SONNE, FRÄULEIN SEIN.
25 pfiffige Nähprojekte.
Knaur, München 2011

BUTLER, AMY: NÄHEN FÜR DIE KLEINSTEN.
2o Lieblingsstücke für Babys und Kleinkinder.
Knaur, München 2009

BUTLER, AMY: NÄHEN MIT AMY BUTLER.
Einfach und schön: 25 Projekte mit Schnittmustern.
Knaur, München 2009

EATON, JAN: BASISBUCH HÄKELN.
Knaur, München 2007

FEVANG, TOVE: HÄKELN. EINFACH UND SCHÖN.
26 Projektideen.
Knaur, München 2011

FINNANGER, TONE: TILDAS FRÜHLINGSWELT.
Fantasievolle Stoffideen im skandinavischen Stil.
Knaur, München 2009

FINNANGER, TONE: TILDAS HAUS.
Traumhafte Stoffideen im skandinavischen Stil.
Knaur, München 2007

FINNANGER, TONE: TILDAS NEUE FRÜHLINGSWELT.
Noch mehr traumhafte Stoffideen im skandinavischen Stil.
Knaur, München 2011

FINNANGER, TONE: TILDAS SOMMERGARTEN.
Bezaubernde Stoffideen im skandinavischen Stil. Knaur, München 2010

FINNANGER, TONE: TILDAS SOMMERWELT.
Stimmungsvolle Stoffideen im skandinavischen Stil.
Knaur, München 2009

FINNANGER, TONE: TILDAS WEIHNACHTEN.
Zauberhafte Stoffideen im skandinavischen Stil.
Knaur, München 2009

FINNANGER, TONE: TILDAS WINTERWELT.
Stimmungsvolle Stoffideen im skandinavischen Stil.
Knaur, München 2008

FUCHS, LENA: SUPERIDEE SOCKEN STRICKEN.
Knaur, München 2004

GREEN, DEBORAH „ISMOYO": SCHICKE FLICKEN.
100 Motive zum Applizieren.
Knaur, München 2010

JANSDOTTER, LOTTA: DEKORIEREN MIT LOTTA. WANDDESIGN, STOFFDRUCK, PAPIERGESTALTUNG.
Knaur, München 2009

JANSDOTTER, LOTTA: EINFACH NÄHEN MIT LOTTA.
24 Projekte für Babys und Kleinkinder.
Knaur, München 2010

JANSDOTTER, LOTTA: EINFACH NÄHEN MIT LOTTA.
24 Projekte mit Schnittmustern und Designvorlagen.
Knaur, München 2008

MOORE, MANDY/ PRAIN, LEANNE: STRICK GRAFFITI.
Kuscheliges für Mauern, Ampeln und Bäume.
Knaur, München 2011

STENKLØV, TONE MERETE/MORKEN, MIRIAM NILSEN: SKANDINAVISCHE SOMMERZEIT.
52 selbstgenähte Lieblingsstücke.
Knaur, München 2011

REGISTER

FAMILYES
KRAF

DANKSAGUNGEN

Es gibt zahllose Menschen, denen wir Dank schulden, weil sie uns unterstützt, ermuntert und inspiriert haben. Wir beide danken all unseren Testnäherinnen, die uns nicht nur wertvolle Rückmeldungen gaben, sondern uns auch ermutigten: Allison Page, Anna Toth, Bryna McLane, Chloe Sinclair, Claire Fong, Crystal Herman, Heidi Alexander und Liz Lavoie Capron.

Außerdem danken wir dem ganzen Team, das unser wunderbar amüsantes Fotoshooting organisierte. Raul Anthony und Krysti Lozinsky sorgten dafür, dass all unsere phantastischen Models nicht nur aussahen wie die Originale, sondern sich auch so fühlten. Vielen Dank an unsere Models Nancy Deane, Laura Lee Mattingly, Michelle Clair und Ayako Akazawa - ihr habt all unsere Erwartungen übertroffen. Dank an unseren Fotografen Daniel Castro und sein Team Marc und Scott, ihr wart echte Gentlemen und eure menschliche Wärme und künstlerische Visionen brachten unser verspieltestes Inneres zum Vorschein. Danke auch an Jenna Cushner, die alle Kleider durch ihr großartiges Styling erst zum Leben erweckte.

Wir danken Laura Lee Mattingly, unserer Verlegerin, die dafür sorgte, dass wir an diesem wunderbaren Projekt arbeiten durften und dabei auch noch einen guten Eindruck machten.

Sara:

Ich danke meinem Mann Stephan für seine unerschütterliche Unterstützung und die zahllosen Stunden, in denen er mir mit den Illustrationen half. Und meinem Sohn Nasen - danke, dass du den Unterschied zwischen einem Trichter- und einem U-Boot-Ausschnitt erkennst.

Hannah:

Ich möchte meinem Partner Francois für seine uneingeschränkte Liebe und seine Unterstützung bei der Umsetzung dieses Buches danken. Mein Dank gilt weiterhin meinen Eltern Elizabeth und Mark dafür, dass sie mich stets dazu ermutigt haben, meine kreativen Ideen zu verfolgen, und nicht zuletzt meinen Schwestern und besten Freundinnen Melodie und Rachel.

Bildnachweis

P. 18 General Photographic Agency / Hulton Archive / Getty Images | P. 32 George Hurrell / Hulton Archive / Getty Images | P. 44 George S. Zimbel / Archive Photos / Getty Images | P. 56 James Burke / Time&Life Pictures / Getty Images | P. 66 Hulton Archive / Archive Photos / Getty Images | P. 78 Popperfoto / Popperfoto / Getty Images | P. 90 New York Daily News Archive / New York Daily News / Getty Images | P. 102 ABC Photo Archives / DisneyABC Television Group / Getty Images | P. 114 Robin Platzer / TIME & LIFE Images / Getty Images | P. 126 New York Daily News Archive / New York Daily News / Getty Images